TPM

A TENSÃO PRÉ-MENSTRUAL

CB040011

Dra. Susan M. Lark

TPM
A TENSÃO PRÉ-MENSTRUAL

ASSUMA A RESPONSABILIDADE POR SUA SAÚDE

O "Guia para a Mulher" se sentir bem durante todo o mês.
O primeiro e o melhor método totalmente natural para
dar alívio a mais de 150 sintomas de TPM.

Tradução
MERLE SCOSS
MELANIA SCOSS

EDITORA CULTRIX
São Paulo

Para Jim e Rebecca, com todo meu amor.

Título do original: *PMS – Premenstrual Syndrome*.

Copyright © 1997 Dra. Susan Lark.

Ilustrações: Naomi Schiff e Kathie Klarreich.
Fotos: Stephen Marley.

Todos os direitos reservados. Nenhuma parte deste livro pode ser reproduzida ou usada de qualquer forma ou por qualquer meio, eletrônico ou mecânico, inclusive fotocópias, gravações ou sistema de armazenamento em banco de dados, sem permissão por escrito, exceto nos casos de trechos curtos citados em resenhas críticas ou artigos de revistas.

Advertência à leitora: As informações contidas neste livro se destinam a complementar o aconselhamento e orientação do seu médico, e não a substituí-los. Se você está se tratando com um médico, converse com ele sobre as mudanças a serem feitas em sua dieta e estilo de vida. Tenha em mente que eu estou lhe oferecendo um livro, não uma consulta médica; portanto, pode ser que estas informações não se apliquem ao seu caso particular. Sempre que surgir alguma dúvida, discuta-a com o seu médico.

O primeiro número à esquerda indica a edição, ou reedição, desta obra. A primeira dezena à direita indica o ano em que esta edição, ou reedição, foi publicada.

Edição	Ano
1-2-3-4-5-6-7-8-9-10	01-02-03-04-05-06-07

Direitos de tradução para a língua portuguesa
adquiridos com exclusividade pela
EDITORA PENSAMENTO-CULTRIX LTDA.
Rua Dr. Mário Vicente, 368 — 04270-000 — São Paulo, SP
Fone: 272-1399 — Fax: 272-4770
E-mail: pensamento@cultrix.com.br
http://www.pensamento-cultrix.com.br
que se reserva a propriedade literária desta tradução.

Impresso em nossas oficinas gráficas.

Sumário

Agradecimentos

Sou grata ao meu marido, Jim, por seu amor e apoio, e a minha grande amiga Gina Hakansson pela ajuda que me prestou enquanto eu fazia malabarismos para conciliar meu novo bebê, meu consultório médico e o preparo deste livro.

Rose Bank, minha consultora no capítulo sobre yoga, e Marcia Nelson, minha consultora no capítulo sobre acupressura, muito me ajudaram a tornar este livro o que ele é. Os drs. Adolph Smith e David Lark me ofereceram apoio, bons conselhos e ótimas sugestões. Também sou grata a Luke Gatto por me inspirar no capítulo sobre nutrição e me dar informações muito úteis.

Por fim, quero agradecer a minha querida filha Rebecca — fonte de criatividade e amor desde seu nascimento — e as minhas pacientes por tudo o que me ensinaram.

INTRODUÇÃO
Uma abordagem de auto-ajuda ao problema da Tensão Pré-menstrual

Durante muitos e muitos anos, a maioria dos médicos e a sociedade em geral assumiram que os sérios sintomas sofridos por milhões de mulheres devido à tensão [ou síndrome] pré-menstrual eram parte integrante da natureza feminina. Assim sendo, eram algo com que a mulher precisava conviver. Quase todos os tratamentos que a medicina tinha a oferecer eram sintomáticos e, em geral, ineficazes.

A maioria dos médicos permanecia alheia ao crescente volume de pesquisas que descreviam uma infinidade de prováveis causas metabólicas subjacentes da TPM. Essas pesquisas sugeriam que os desequilíbrios metabólicos poderiam ser aliviados por meio de mudanças nos hábitos de vida: na nutrição, nos padrões de trabalho e exercício e nas maneiras de lidar com o *stress*. Há vinte anos, comecei a aplicar essas idéias no meu consultório. Com o passar do tempo descobri que, trabalhando em estreito contato com minhas pacientes, alcançávamos resultados bem melhores do que teria parecido possível. Mulheres que faltavam ao trabalho uma semana em cada mês; mulheres que estiveram à beira de ser hospitalizadas por causa de problemas emocionais; mulheres cuja vida familiar tinha se despedaçado; todas elas agora, de súbito, estavam completamente saudáveis e cheias de energia e bom humor. Ver a vida e a saúde das pessoas melhorar de maneira tão radical, por meio de seus próprios esforços, é uma experiência maravilhosa que eu estava ansiosa para compartilhar.

Nos últimos anos foram feitos grandes progressos quanto a levar ao conhecimento do público as informações sobre a TPM. Relatos sobre a TPM aparecem quase todas as semanas na televisão, no rádio, em revistas e jornais. Esses relatos fizeram que as mulheres se atualizassem sobre os sintomas da TPM, sobre as novas e miraculosas drogas farmacológicas para os sintomas mais sérios e sobre algumas regras gerais dos hábitos de vida nutritivos e saudáveis. Mas esses relatos têm sido muito superficiais ao tratar as mudanças que as mulheres precisam fazer para impedir e aliviar os sintomas. Mesmo a atual safra de livros que se propõem a oferecer orientação na linha da auto-ajuda é longa em estudos de casos e informações médicas, mas curta e superficial nas informações específicas necessárias para as mulheres adaptarem seus hábitos de vida por meio de um "regime" para a TPM.

Minha experiência mostra que uma mulher, ao perceber que seus sintomas de TPM podem ter origem em maus hábitos relacionados à dieta, aos exercícios e ao controle do *stress*, estará disposta a fazer praticamente tudo para mudar. Mas ela precisará de orientação específica: normas, planejamento alimentar, receitas, técnicas para redução do *stress* e exercícios especiais de yoga, massagem por acupressura e quiropraxia que dão alívio imediato dos sintomas.

Foi trabalhando com as minhas pacientes que coletei todo este material. Escrevi este livro para poder partilhar o material com um número maior de mulheres do que aquele que eu poderia atender no meu consultório. Espero que você também, como minhas pacientes e eu, ache este livro útil e possa desfrutá-lo.

Como aprendi a curar a mim mesma

Fiquei sabendo da existência da TPM nos meus últimos anos de adolescência, quando comecei a sofrer dos seus sintomas. Minha menstruação, que sempre fora irregular, passou a ser precedida de edema (inchação) e ganho de peso (2 a 4 quilos). Meus cabelos ficavam mais oleosos e pequenas espinhas avermelhadas apareciam no nariz e no queixo.

Naquela época, nada me restava a fazer senão tomar aspirina. Quando pedi socorro a mamãe, tudo o que ela pôde me oferecer foi sua solidariedade. Ela me disse que tudo aquilo provavelmente passaria à medida que eu ficasse mais velha. Pelo contrário, só piorou. A TPM me acompanhou ao longo dos meus estudos de medicina na Northwestern University, em Chicago. Uma semana em cada mês, eu sentia tanta dor que não conseguia fazer meu trabalho direito. Ainda lembro as muitas tardes em que precisei sair às pressas da enfermaria médica ou da pediátrica. Eu ia para o alojamento dos estudantes de plantão e lá ficava deitada, em agonia, com náuseas e fortes cólicas. Meu corpo inchava de tal maneira que eu gritava de dor quando esbarrava em alguma coisa. Os cistos nos seios cresciam e ficavam doloridos. Eu era a única mulher naquela turma de estudantes e meus sintomas faziam que me sentisse inferior aos colegas homens e diferente deles. Meu humor flutuava terrivelmente. Parte do mês, eu me sentia calma e relaxada — igual a todo mundo. Mas, logo antes do período menstrual, eu me tornava briguenta e de trato difícil. Tornava-me muito mais sensível às ofensas e descortesias, reais ou imaginárias. Tinha compulsão por açúcar e fazia "orgias" de *junk-foods* [alimentos industrializados, com aditivos químicos e baixíssimo teor nutritivo]. Muitas vezes eu me escondia para chorar, sem saber como poderia terminar os estudos. Tentava os tratamentos disponíveis — tranqüilizantes suaves para o humor, antiespasmódicos para as cólicas, diuréticos para o inchaço. Nenhum deles adiantava muito.

E então, no período em que estava interna no hospital, tudo mudou. Eu estava me especializando em obstetrícia e ginecologia, e deveria me manter atualizada com as pesquisas médicas na minha área. Certo dia, um artigo chegou até minha mesa: descrevia o trabalho que estava sendo feito por médicos, na Europa, usando altas doses de vitaminas para tratar os cistos nos seios. Fiquei entusiasmada e passei o resto daquele ano buscando, na biblioteca médica, outras informações sobre o tratamento dos distúrbios menstruais que utilizava a nutrição.

Comecei a testar em mim mesma um programa bastante simples, usando altas doses de vitaminas E e do complexo B. De algum modo, para minha surpresa, esse tratamento aliviou a compulsão por açúcar, a oscilação de peso e o inchaço. Passei a reduzir a quantidade de açúcar e cafeína na minha dieta. (Como estudante atarefada, sempre dependi de alimentos que dão "energia instantânea", como pãezinhos doces e café. Os estudantes de medicina têm pouco tempo para dormir e precisam ajudar a cuidar de uma enfermaria sempre cheia de doentes. Precisávamos de toda nossa energia, mas os reduzidos horários de refeições só nos permitiam lambiscar alguma coisa na lanchonete.) Comecei a prestar mais atenção à minha dieta, dando preferência a cereais integrais e verduras frescas. Fiquei espantada com os resultados: mês após mês, os sintomas menstruais ficavam menos graves. Contudo, persistia a dor cíclica nos seios e as flutuações de humor. Um ano mais tarde, li num boletim médico que o *ovrette*, hormônio sintético semelhante à progesterona, poderia ser usado para neutralizar sintomas — incluindo a retenção de líquidos — causados por excesso de estrogênio. Experimentei aquele medicamento e as dores e os caroços nos seios desapareceram. O pior efeito colateral foi um aumento das espinhas e da oleosidade da pele e dos cabelos. Tomei *ovrette* durante dois anos.

No meu terceiro ano de autotratamento, aprendi a equilibrar minha irritabilidade e as flutuações de humor com o *biofeedback* e outras técnicas de redução do *stress*. Hoje estou totalmente livre dos sintomas pré-menstruais.

Como aprendi a trabalhar com minhas pacientes

Eu mesma fui a minha primeira paciente bem-sucedida de TPM. Agora, passados mais de vinte anos, já tratei milhares de mulheres com esse problema, primeiro no meu consultório e depois no programa clínico que fundei em Mountain View, Califórnia, especialmente para mulheres com TPM. Nesse programa, os médicos trabalham lado a lado com psicólogos, nutricionistas e especialistas em quiropraxia, numa abordagem integrada dos cuidados com a saúde. Também aprendi as técnicas da massagem por acupressura e as posturas de yoga, para poder usá-las com minhas pacientes.

Juntamente com esses profissionais, descobrimos que diversos métodos podem corrigir os sintomas da TPM. A medicina ocidental proporciona alívio sintomático por meio de medicamentos e hormônios. Ela também oferece uma correção, de prazo mais longo, por meio da nutrição e redução do *stress*. A massagem por acupressura, o trabalho corporal, a quiropraxia e a fitoterapia também oferecem uma ajuda que pode ser tão imediata, que chega a parecer milagrosa para a paciente. Hoje, minhas pacientes não precisam esperar anos, como aconteceu comigo, para ver desaparecerem os sintomas. A maioria delas se sente extraordinariamente melhor no prazo de um a três meses.

Como uma abordagem de auto-ajuda pode trabalhar por você

A TPM não golpeia a vítima ao acaso, como um raio. Ela é um desequilíbrio metabólico que ocorre lentamente ao longo dos anos, devido aos nossos hábitos. Medicação e hormônios terapêuticos podem fazer você se sentir bem quase de imediato (trinta minutos depois de tomar progesterona, por exemplo). Mas mesmo as mulheres que se deram muito bem com essa terapia acabam descobrindo que seus sintomas retornam quando interrompem a medicação, se não tiverem feito mudanças substanciais em seus hábitos de vida.

É por isso que a auto-ajuda é tão importante. Já pertencem ao passado os dias em que o paciente ia passivamente ao médico em busca de "pílulas mágicas". O paciente entregava ao médico o controle de seus problemas. Isso não era bom nem para o médico nem para o paciente. Os cuidados com a saúde precisam ser um "trabalho de equipe". As pessoas devem ser informadas das escolhas disponíveis e um médico deve agir como educador, além de oferecer apoio e atenção amorosa.

"Auto-ajuda" quer dizer que você assume a responsabilidade por sua própria saúde. Assumir essa responsabilidade a tornará mais forte e lhe dará confiança. Ajudará você a construir um histórico de sucessos (bem-estar), em vez de fracassos e doenças. As ferramentas da auto-ajuda, como a nutrição e a redução do *stress*, possuem menor potencial de provocar efeitos colaterais nocivos do que as drogas farmacológicas. Essas ferramentas são um método mais seguro e mais suave.

Como mencionei, trabalho com vários métodos de auto-ajuda. Um plano de tratamento que utilize um único método e pretenda ser "o" tratamento para a TPM provavelmente funcionará apenas para uma pequena porcentagem das mulheres. Descobri que os resultados são muito melhores quando individualizo completamente o programa de tratamento de cada paciente. Associando tratamentos de várias disciplinas, as mulheres geralmente encontram a combinação que funciona para elas. Haverá uma combinação que vai funcionar também para você.

Este programa é construído de maneira tal que você poderá individualizar um plano de tratamento para si mesma. Todos os métodos de que você necessita estão contidos neste livro, incluindo nutrição, redução do *stress*, exercícios, massagem por acupressura, exercícios de quiropraxia e yoga. Primeiro leia o livro do começo ao fim para se familiarizar com o material. O Manual da TPM (Capítulo 3) ajudará você a avaliar seus sintomas; a Tabela para Tratamento Completo da TPM (Capítulo 4) lhe dirá quais tratamentos usar para seu conjunto específico de sintomas. Juntos, eles são de uso rápido e fácil e lhe pouparão as muitas horas de pesquisa que você teria de gastar buscando por conta própria.

É simples e rápido encontrar o que funcionará para você. Experimente todas as terapias listadas abaixo do nome dos seus sintomas. Você provavelmente descobrirá que algumas, e não outras, a fazem se sentir melhor. Estabeleça um regime [sistema regulado de dieta, exercícios etc.] que funcione para você e use-o todo mês.

Este programa é prático e fácil de ser seguido. Pode ser usado sozinho ou associado a um programa médico. E o melhor de tudo é que ele funciona. A sensação de bem-estar que você terá com um programa de auto-ajuda se irradiará e produzirá efeitos em toda a sua vida. Você terá mais tempo e energia para desfrutar seu trabalho, sua família e os outros prazeres da vida.

PARTE 1 : O problema

CAPÍTULO 1

O que é a Tensão Pré-menstrual?

A Tensão Pré-menstrual é um dos problemas mais comuns que afetam as mulheres mais jovens. Acredita-se que esse problema afeta de um terço a metade das mulheres entre os 20 e 50 anos — ou seja, cerca de 10 a 14 milhões de mulheres só nos Estados Unidos.

Os sintomas geralmente começam de 10 a 14 dias antes do início do período menstrual e se agravam progressivamente até a descida da menstruação e, em algumas mulheres, durante vários dias depois do início do sangramento. Isso significa que milhões de mulheres se sentem mal durante metade de cada mês ao longo de sua vida adulta. É espantoso o que isso significa em termos de perda de produtividade e qualidade de vida.

Os sintomas

Os sintomas da Tensão Pré-menstrual (TPM) são numerosos e afetam quase todos os sistemas orgânicos. Mais de 150 sintomas foram documentados. Eis alguns dos mais comuns:

irritabilidade	ansiedade
oscilações do humor	depressão
hostilidade	enxaqueca
dor de cabeça	tontura
desmaio	tremor
inchaço abdominal	ganho de peso
prisão de ventre	compulsão por açúcar
cólica	acne
furúnculo	alergias
urticária	cistite
uretrite	urinação menos freqüente

asma   seios inchados e doloridos
rinite   garganta inflamada
rouquidão   dor e inchaço nas articulações
dor nas costas

É comum a coexistência de muitos desses sintomas numa mesma mulher. As pacientes geralmente se queixam até de 10 ou 12 sintomas. A TPM parece afetar todos os aspectos da sua vida — desde o relacionamento com a família e os amigos, até a produtividade no trabalho e a capacidade de desfrutar o próprio corpo.

Há uma sensação difusa de que "as coisas estão desmoronando" durante o período da TPM. A dra. Katharina Dalton, médica inglesa com grande experiência nessa área, observou que as mulheres seriamente atingidas pela TPM ficam mais vulneráveis aos comportamentos extremos durante esse período. Dalton documentou um aumento na probabilidade de acidentes, abuso de álcool, tentativas de suicídio e crimes cometidos por algumas mulheres.

Embora minhas pacientes raramente tenham demonstrado essas aberrações extremas, muitas delas contaram ter passado por sérias mudanças de personalidade. Freqüentemente descreveram cisões de personalidade do tipo "o médico e o monstro" [Dr. Jekyll e Mr. Hyde]. Diziam ficar "irritadiças", "megeras" e "intratáveis" — gritando com os filhos, provocando briga com o marido e falando asperamente com os amigos e colegas de trabalho. E depois passavam o resto do mês consertando o dano emocional causado aos seus relacionamentos durante aquele período. Seus filhos ficavam chocados e magoados, sem compreender por que a mamãe de repente ficava tão intratável.

Até pouco tempo atrás, essas mulheres procuravam o médico em busca de ajuda e só recebiam um tranqüilizante ou o encaminhamento ao psiquiatra. Elas investiam tempo e dinheiro numa consulta que geralmente não funcionava. E isso acabava aumentando sua sensação de fracasso e confusão quanto ao seu problema de saúde. Felizmente, a atitude dos médicos está começando a mudar. À medida que aumenta o movimento feminino de auto-ajuda e o problema da TPM continua a ser divulgado, mais pesquisas são feitas para melhorar nosso entendimento das causas desse problema.

Os fatores que aumentam o risco

Você corre o risco de sofrer de TPM se:
- Tem mais de 30 anos. (Os sintomas mais sérios ocorrem nas mulheres na faixa dos 30 aos 40 anos.)
- Há tensão emocional significativa em sua vida.

- Sofre os efeitos colaterais das pílulas anticoncepcionais. (As mulheres que não toleram a pílula parecem mais suscetíveis à TPM.)
- Tem dificuldade em manter o peso estável.
- Não faz exercícios.
- É casada.
- Passou por uma gravidez complicada por toxemia.
- Tem filhos. (Quanto maior o número de filhos, mais sérios os sintomas.)

CAPÍTULO 2

As causas da TPM e seus tipos

O ciclo menstrual normal

É importante que você compreenda como funciona o ciclo menstrual normal. Com esse conhecimento será mais fácil você compreender as mudanças pelas quais passa a sua química corporal durante a TPM.

O propósito da menstruação

A menstruação é o rompimento da mucosa do útero. Na maioria das mulheres, isso ocorre a cada mês. A mucosa uterina (chamada endométrio) aumenta sua espessura ao longo do ciclo mensal devido a um acréscimo do suprimento de sangue e micronutrientes. O propósito desse espessamento é preparar uma morada para o ovo fertilizado durante seus nove meses de crescimento e desenvolvimento no interior do útero materno. Se não ocorrer a gravidez, então essa mucosa deixa de ser necessária. O útero se descarta das células por meio do sangramento mensal e depois, ao longo do mês seguinte, volta a preparar o endométrio.

O sistema de retroalimentação hormonal

O padrão cíclico ocorre por causa das flutuações nos nossos níveis hormonais. Ele se baseia num sistema de retroalimentação no qual a glândula hormonal segrega uma substância química (o hormônio) que entra na corrente sangüínea e aciona uma reação em outra glândula distante dela. O hormônio age como mensageiro, seja transmitindo a outra glândula as instruções para produzir o próprio hormônio, seja acionando uma resposta química em outras partes do corpo.

A partir do ciclo menstrual é acionado pelos hormônios produzidos no hipotálamo, um centro glandular localizado no cérebro, acima da hipófise (ou pituitária). A partir dessa localização central, ele recebe e envia sinais nervosos para

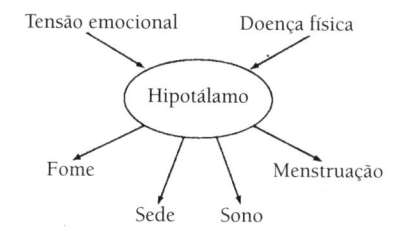

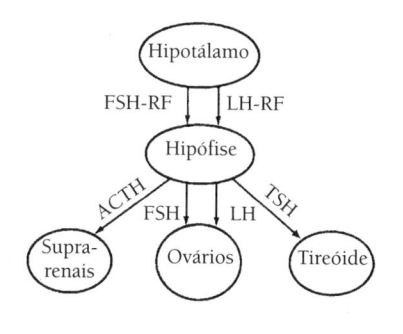

muitas outras partes do cérebro. O hipotálamo regula diversas funções: a fome, a sede, os padrões de sono e todas as funções endócrinas, incluindo a menstruação. O hipotálamo é extremamente sensível a estímulos ambientais como a tensão emocional e a doença física. Essa tensão modifica os sinais que o hipotálamo transmite à hipófise e, dela, ao resto do sistema endócrino. Isso pode provocar irregularidades no ciclo menstrual.

O hipotálamo se comunica com a glândula hipófise liberando na corrente sangüínea os mensageiros chamados FSH-RF (fator de liberação do hormônio folículo-estimulante, na sigla em inglês) e LH-RF (fator de liberação do hormônio luteinizante). Sua função é dizer à hipófise que produza seus próprios hormônios.

De sua posição na base do cérebro, logo abaixo do hipotálamo, a hipófise produz os hormônios necessários para estimular todas as outras glândulas do corpo. Assim, ela tem uma importantíssima função reguladora. Estimula o ciclo menstrual produzindo o FSH (hormônio folículo-estimulante) e o LH (hormônio luteinizante), bem como o hormônio adrenocorticotrófico (ACTH) e o hormônio estimulante da tireóide (TSH).

Os FSH e LH são liberados na corrente sangüínea, tendo os ovários como destino. Os ovários estão localizados na região pélvica da mulher e já contêm todos os óvulos que ela carregará em sua vida. Ao nascer, cada mulher possui entre 100.000 e 400.000 óvulos em forma inativa, os chamados folículos. A quantidade deles diminui progressivamente ao longo da vida da mulher até ela chegar à menopausa, quando a maioria dos folículos terá sido eliminada e os ovários param de funcionar.

Todo mês, os FSH e LH provenientes da hipófise fazem os folículos amadurecerem e um deles crescer. Com isso, esse folículo começa a produzir os hormônios estrogênio e progesterona. Além de preparar o óvulo para a fertilização, esses hormônios também estimulam a mucosa do útero a preparar um lar apropriado onde o ovo fertilizado irá crescer. O estrogênio e a progesterona também controlam os sinais evidentes da feminilidade, como o desenvolvimento dos seios e o crescimento dos pêlos pubianos. Os hormônios sexuais também são produzidos, em menor quantidade, pelas glândulas supra-renais, localizadas sobre os rins.

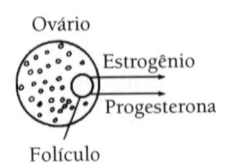

Ao circularem pela corrente sangüínea, o estrogênio e a progesterona passam pelo fígado. O fígado funciona como um "triturador de lixo". Quando níveis altos de hormônios deixam de ser necessários, o fígado os decompõe, tornando-os quimicamente inativos para que possam ser eliminados do corpo. Os rins então excretam por meio da urina os hormônios quimicamente modificados, completando-se assim sua passagem através do corpo.

O ciclo mensal

No dia 1, o primeiro dia da menstruação, os níveis de estrogênio e progesterona estão extremamente baixos. O hipotálamo reage liberando FSH-RF, o que estimula a hipófise a produzir FSH. O FSH, por sua vez, estimula as células foliculares do ovário a começarem a aumentar de tamanho e produzir estrogênio. A quantidade maior de estrogênio produzida por esses folículos estimula a mucosa do útero a crescer, de modo que, em meados do ciclo, já aumentou três vezes sua espessura e tem um suprimento de sangue substancialmente ampliado.

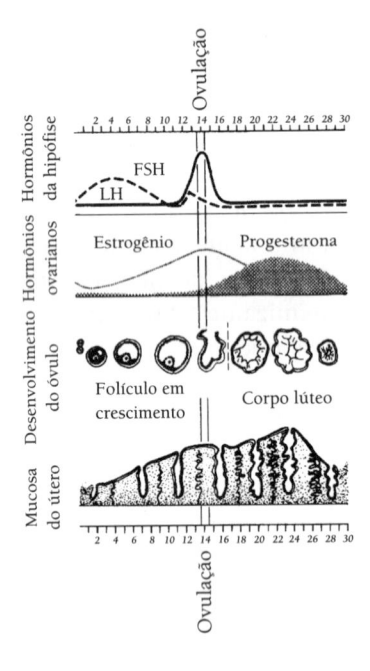

Um dos folículos, o folículo de Graaf, ultrapassa o crescimento dos demais e produz o óvulo daquele mês. Em meados do ciclo (dia 14) e imediatamente antes da ovulação, os níveis de estrogênio atingem o auge. Isso faz a hipófise diminuir a quantidade produzida de FSH e aumentar a quantidade de LH, forçando o óvulo a se romper e ser expelido do ovário.

O óvulo é recolhido pela trompa de Falópio e ali permanece de 12 a 36 horas. É durante esse período que o óvulo pode ser fertilizado. Entre meados do ciclo e o dia 28, o LH faz o folículo de Graaf se desprender do ovário e se transformar no corpo lúteo (ou corpo amarelo). O corpo lúteo produz altos níveis de estrogênio e especialmente de progesterona. Níveis adequados de progesterona são essenciais para a manutenção da gravidez. A progesterona produz o aumento da temperatura basal do corpo que é observada na ovulação. E também provoca um enovelamento dos vasos sangüíneos do endométrio, fazendo a mucosa se tornar mais compacta.

Os tipos de TPM

Os sintomas mais comuns de TPM de que se queixam as pacientes podem ser divididos em quatro subgrupos de acordo com o sistema classificatório desenvolvido pelo dr. Guy Abraham, ex-professor de clínica obstétrica e ginecológica da UCLA (Universidade da Califórnia, em Los Angeles), que publicou extensa literatura sobre a TPM.

Tipo A (de "ansiedade"): ansiedade, irritabilidade, oscilações do humor

Tipo C (de "carboidratos" ou "compulsões"): compulsão por açúcar, fadiga, dores de cabeça

Tipo H (de "hiper-hidratação"): inchaços, ganho de peso, seios doloridos

Tipo D (de "depressão"): depressão, confusão, perda de memória

A eles se acrescentam dois outros subgrupos muito comuns:

Acne: espinhas, pele e cabelos oleosos

Dismenorréia: cólicas, dor na região do sacro, náusea e vômitos. Embora a dismenorréia não seja parte da TPM, costuma ser encontrada juntamente com os sintomas da TPM.

As atuais pesquisas médicas indicam que cada grupo de sintomas é devido ao seu próprio e específico desequilíbrio químico. Assim, a TPM pode ser considerada como seis diferentes problemas reais, muitas vezes coexistindo numa mesma mulher.

Tipo A: ansiedade, irritabilidade e oscilações do humor. O Tipo A é o subtipo mais comum. O dr. Abraham verificou que sintomas de ansiedade, irritabilidade, depressão e oscilações do humor ocorriam em 80% das mulheres por ele estudadas. Esses sintomas pioravam nos dias que antecediam o período menstrual, e só encontravam alívio com a descida da menstruação.

Uma causa provável é o desequilíbrio nos níveis de estrogênio e progesterona do corpo. A quantidade desses dois hormônios aumenta durante a segunda metade do ciclo menstrual. Quando adequadamente equilibrados, eles promovem o funcionamento normal do útero, da vagina e dos seios. Os sintomas humorais da TPM ocorrem quando predomina o estrogênio, fazendo a mulher se sentir ansiosa. Se predomina a progesterona, a mulher tende a se sentir deprimida. Os médicos estavam em dúvida se os sintomas emocionais da TPM não

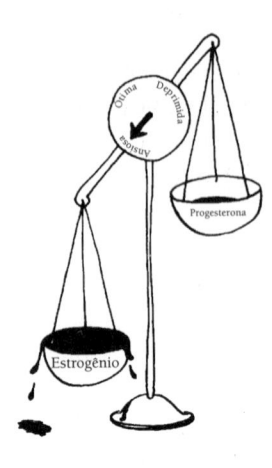

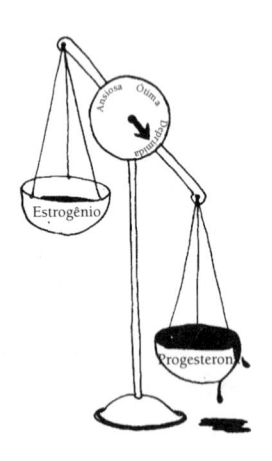

eram conseqüência de um distúrbio psiquiátrico subjacente. Mas uma pesquisa publicada no boletim médico norte-americano *Annals of Medicine*, em 1991, relatou que mulheres com TPM não apresentavam mais evidências de distúrbios psiquiátricos ou de personalidade do que mulheres sem TPM, durante os períodos livres de sintomas; isso sugere que é mais provável que a TPM se deva a um desequilíbrio químico.

O equilíbrio entre esses dois hormônios depende de dois fatores: a quantidade de hormônio produzida pelos ovários, e a eficácia com que o hormônio é decomposto e eliminado pelo fígado e preparado para excreção pelos rins. Tanto a tensão emocional quanto os hábitos nutricionais podem estorvar a eficácia desse sistema. Por exemplo, alimentos que causam o *stress* (como excesso de gorduras, álcool e açúcar) sobrecarregam o fígado e esse órgão se vê obrigado a processá-los além de processar os hormônios. No caso de deficiência da vitamina B (que pode ser causada por má nutrição ou tensão emocional), o fígado não dispõe da matéria-prima necessária para cumprir suas tarefas metabólicas. Nesses dois casos citados, o fígado é incapaz de decompor eficazmente os hormônios. Isso pode aumentar os níveis de estrogênio ou de progesterona, que continuam a circular no sangue sem uma eliminação adequada.

Alguns pesquisadores relacionaram os sintomas de ansiedade da TPM com os níveis insuficientes do neurotransmissor serotonina e do triptofano, o aminoácido que produz serotonina diariamente. Quando os níveis da serotonina ou do triptofano estão baixos, podem ocorrer problemas de sono, ansiedade e irritabilidade.

Tipo C: Compulsão por açúcar, fadiga, dor de cabeça. Cerca de 60% das mulheres com TPM observam um aumento na compulsão (desejo incontrolável) por carboidratos refinados, especialmente açúcar, chocolate, álcool, pão branco, doces, arroz branco e macarrão. Tais mulheres tendem a comer grandes quantidades desses alimentos antes da menstruação. Algumas horas depois de ingerir alimentos com carboidratos refinados, muitas mulheres se queixam de fadiga, dor de cabeça, tremores e tontura.

Várias hipóteses têm sido levantadas sobre os vários mecanismos desse problema. O corpo da mulher é mais responsivo à insulina na semana que antecede o início da menstruação. Isso tende a baixar seu nível de açúcar no sangue, porque a insulina faz o açúcar sair da corrente sangüínea e entrar nas células. Com menos glicose circulando, há menos açúcar disponível para o cérebro, que usa até 20% do suprimento total de energia do corpo. A glicose é a principal forma de energia (ou combustível) do corpo. O cérebro sinaliza quando precisa de mais combustível e o corpo traduz esse sinal como maior desejo por doces. Essa compulsão é pior quando a mulher está sob *stress*, porque então seu cérebro precisa de mais combustível. Também é pior quando os hábitos nutricionais dela são pobres, com insuficiência de vitamina B, magnésio e cromo na sua dieta. Sem esses nutrientes, o corpo não consegue decompor o açúcar para usá-lo como combustível.

No período pré-menstrual, muitas mulheres sentem compulsão por chocolate. O chocolate é rico em feniletilamina, que tem um efeito antidepressivo (lembre-se de que a depressão é muito comum na TPM). A compulsão por chocolate talvez represente a necessidade do corpo de encontrar fontes de nutrientes dos quais é deficiente, mas o chocolate, infelizmente, contém diversos ingredientes que pioram a TPM.

Tipo H: Inchaços, ganho de peso e seios doloridos. As mulheres com o tipo H de TPM se queixam de inchaço abdominal, seios doloridos e ganho de peso. Geralmente a sensação subjetiva de inchaço é pior do que o ganho real de peso, que não ultrapassa 1,5 quilos, em média. Essas mulheres tendem a reter nos rins o excesso de fluido e sal, o que ocorre em resposta à estimulação dos hormônios da hipófise e das supra-renais. Como resultado, ela urina com menos freqüência. Além disso, os desequilíbrios em outros hormônios (como a prolactina, o hormônio liberador do leite, segregado pela glândula hipófise, e a série II dos hormônios prostaglandinas, que são a causa básica das cólicas menstruais) foram relacionados aos sintomas de retenção de fluidos. Cerca de 40% das mulheres com TPM apresentam esses sintomas.

Tipo D: Depressão, confusão, insônia e perda de memória. O tipo D é a forma menos comum de TPM dentre as identificadas pelo dr. Abraham. Por si só, é observada em apenas 5% das mulheres afetadas. Em conjunto com o tipo A, é encontrada em 20%.

Excesso de ACTH

Retenção de fluidos e de sódio
Inchaços
Ganho de Peso
Seios doloridos

Descobriu-se que os níveis de estrogênio são baixos nas mulheres com o tipo D. Assim, os efeitos depressivos do nível alto ou normal de progesterona não são contrabalançados pelo estrogênio. O tipo D é potencialmente o mais sério de todos, porque as mulheres afetadas podem, nos casos graves, mostrar tendências suicidas. A depressão também as torna sérias candidatas ao retraimento, de modo que é menos provável que elas procurem ajuda médica.

Acne: Espinhas e oleosidade na pele e nos cabelos. No período que precede a menstruação, algumas mulheres experimentam um aumento dos hormônios masculinos (androgênio) produzidos pelas glândulas supra-renais. Isso provoca mudança no pH da pele, bem como um aumento na secreção de óleo na pele. Podem surgir lesões no rosto, nos ombros e nas costas da mulher a elas suscetíveis. A acne passa por três estágios. Os cravos constituem a lesão mais leve. Eles ocorrem quando os poros ficam bloqueados pelo óleo. A maior parte do óleo no poro é de cor branca, porém o óleo exposto ao ar na superfície da pele torna-se preto. As espinhas são o segundo estágio da acne. Nesse estágio, o óleo do poro não encontra abertura para o exterior e, portanto, não ocorre a drenagem. Formam-se cistos sob a pele, os quais se infeccionam. Esse ambiente é perfeito para a proliferação das bactérias que causam o terceiro estágio, o furúnculo. Nesse caso, os cistos são duros, profundos e doloridos ao toque.

Dismenorréia: Cólicas, dor na região do sacro, náusea e vômitos. As cólicas muitas vezes são o primeiro contato da jovem com o desconforto que cerca o período menstrual. A dismenorréia "primária" geralmente começa nos anos da adolescência. Ela se deve ao espasmo dos músculos uterinos. A dor também pode ocorrer no baixo-ventre, na região do osso sacro e no lado interno das coxas. Quando eu era adolescente, a dismenorréia [menstruação dolorosa] era a razão mais comum para sermos dispensadas das aulas. Algumas pesquisas descobriram que a dismenorréia primária se deve a um desequilíbrio das substâncias químicas produzidas pelo útero. Essas substâncias se chamam prostaglandinas. Há muitos subgrupos de prostaglandinas. Nas mulheres que não sofrem de cólicas menstruais, as diferentes prostaglandinas estão apropriadamente equilibradas. Quando há mais prostaglandinas da série II (que causam cólicas e dor) do que a prostaglandina da série I (que tem

Excesso de androgênios

Mudanças no pH da pele
Aumento na secreção de óleo
Acne

um efeito relaxante sobre os músculos), o resultado é a cólica.

A dismenorréia secundária ocorre em mulheres com mais de 30 anos. Sua causa pode ser, em parte, problemas mecânicos, tais como fibromas. As infecções inflamatórias da pelve e a endometriose podem provocar tecido cicatricial na região pélvica, o que produz um estiramento doloroso com a chegada da menstruação. A congestão causada pela retenção de fluido e sódio também piora a dor pélvica.

Excesso de prostaglandinas

Dor na região do sacro
Cólicas
Náusea
Vômitos

CAPÍTULO 3
O manual da TPM

Como avaliar os seus sintomas

As avaliações que você encontra nas páginas a seguir vão ajudá-la a se familiarizar com seus sintomas de TPM. Dedicando algum tempo para preenchê-las, você descobrirá como elas facilitarão as tarefas de identificar seus sintomas, reconhecer suas áreas frágeis e compor seu programa de tratamento baseado nos capítulos seguintes.

Primeiro, preencha o calendário mensal de sintomas menstruais, começando com o dia de hoje. O calendário permitirá que você classifique seus sintomas e observe se eles se agrupam ao redor de um tipo ou tipos específicos de TPM. Ficará mais fácil para você escolher os tratamentos adequados para seus sintomas. Depois, à medida que segue o programa, você poderá continuar a usar os calendários mensais (incluímos calendário para um ano inteiro) para observar seu progresso.

Depois de preencher o calendário para o dia de hoje, vire as páginas até encontrar as avaliações, no final dos doze calendários. Elas a ajudarão a avaliar áreas específicas da sua vida, para ver quais dos seus padrões de hábitos estão contribuindo para a sua TPM.

Quando tiver completado as avaliações, você estará pronta para entrar na Parte 3 e começar seu programa de tratamento.

Calendário mensal de sintomas menstruais

Gradue os seus sintomas conforme os experimentar a cada mês:

○ Nenhum

✔ Suave

◗ Moderado

● Sério

DIA DO CICLO	1	2	3	4	5	6	7
TIPO A							
Tensão nervosa							
Oscilações do humor							
Irritabilidade							
Ansiedade							
TIPO C							
Dor de cabeça							
Compulsão por doces							
Aumento do apetite							
Palpitações cardíacas							
Fadiga							
Tremores							
TIPO D							
Depressão							
Esquecimento							
Acessos de choro							
Insônia							
TIPO H							
Ganho de peso							
Inchaço nas extremidades							
Seios doloridos							
Inchaço abdominal							
DISMENORRÉIA							
Cólicas (no baixo-ventre)							
Dor nas costas							
Dores generalizadas							
Náuseas e vômitos							
ACNE							
Pele oleosa							
Cabelos oleosos							
Espinhas							

Mês 1

8	9	10	11	12	13	14	15	16	17	18	19	20	21	22	23	24	25	26	27	28	29	30	31

Calendário mensal de sintomas menstruais

Gradue os seus sintomas conforme os experimentar a cada mês:

○ Nenhum

✔ Suave

◗ Moderado

● Sério

DIA DO CICLO	1	2	3	4	5	6	7
TIPO A							
Tensão nervosa							
Oscilações do humor							
Irritabilidade							
Ansiedade							
TIPO C							
Dor de cabeça							
Compulsão por doces							
Aumento do apetite							
Palpitações cardíacas							
Fadiga							
Tremores							
TIPO D							
Depressão							
Esquecimento							
Acessos de choro							
Insônia							
TIPO H							
Ganho de peso							
Inchaço nas extremidades							
Seios doloridos							
Inchaço abdominal							
DISMENORRÉIA							
Cólicas (no baixo-ventre)							
Dor nas costas							
Dores generalizadas							
Náuseas e vômitos							
ACNE							
Pele oleosa							
Cabelos oleosos							
Espinhas							

Mês 2

8	9	10	11	12	13	14	15	16	17	18	19	20	21	22	23	24	25	26	27	28	29	30	31

Calendário mensal de sintomas menstruais

Gradue os seus sintomas conforme os experimentar a cada mês:

○ Nenhum

✔ Suave

◗ Moderado

● Sério

DIA DO CICLO	1	2	3	4	5	6	7
TIPO A							
Tensão nervosa							
Oscilações do humor							
Irritabilidade							
Ansiedade							
TIPO C							
Dor de cabeça							
Compulsão por doces							
Aumento do apetite							
Palpitações cardíacas							
Fadiga							
Tremores							
TIPO D							
Depressão							
Esquecimento							
Acessos de choro							
Insônia							
TIPO H							
Ganho de peso							
Inchaço nas extremidades							
Seios doloridos							
Inchaço abdominal							
DISMENORRÉIA							
Cólicas (no baixo-ventre)							
Dor nas costas							
Dores generalizadas							
Náuseas e vômitos							
ACNE							
Pele oleosa							
Cabelos oleosos							
Espinhas							

Mês 3

8	9	10	11	12	13	14	15	16	17	18	19	20	21	22	23	24	25	26	27	28	29	30	31

Calendário mensal de sintomas menstruais

Gradue os seus sintomas conforme os experimentar a cada mês:

○ Nenhum

✔ Suave

◗ Moderado

● Sério

DIA DO CICLO	1	2	3	4	5	6	7
TIPO A							
Tensão nervosa							
Oscilações do humor							
Irritabilidade							
Ansiedade							
TIPO C							
Dor de cabeça							
Compulsão por doces							
Aumento do apetite							
Palpitações cardíacas							
Fadiga							
Tremores							
TIPO D							
Depressão							
Esquecimento							
Acessos de choro							
Insônia							
TIPO H							
Ganho de peso							
Inchaço nas extremidades							
Seios doloridos							
Inchaço abdominal							
DISMENORRÉIA							
Cólicas (no baixo-ventre)							
Dor nas costas							
Dores generalizadas							
Náuseas e vômitos							
ACNE							
Pele oleosa							
Cabelos oleosos							
Espinhas							

Mês 4

8	9	10	11	12	13	14	15	16	17	18	19	20	21	22	23	24	25	26	27	28	29	30	31

Calendário mensal de sintomas menstruais

Gradue os seus sintomas conforme os experimentar a cada mês:

○ Nenhum

✔ Suave

◗ Moderado

● Sério

DIA DO CICLO	1	2	3	4	5	6	7
TIPO A							
Tensão nervosa							
Oscilações do humor							
Irritabilidade							
Ansiedade							
TIPO C							
Dor de cabeça							
Compulsão por doces							
Aumento do apetite							
Palpitações cardíacas							
Fadiga							
Tremores							
TIPO D							
Depressão							
Esquecimento							
Acessos de choro							
Insônia							
TIPO H							
Ganho de peso							
Inchaço nas extremidades							
Seios doloridos							
Inchaço abdominal							
DISMENORRÉIA							
Cólicas (no baixo-ventre)							
Dor nas costas							
Dores generalizadas							
Náuseas e vômitos							
ACNE							
Pele oleosa							
Cabelos oleosos							
Espinhas							

Mês 5

8	9	10	11	12	13	14	15	16	17	18	19	20	21	22	23	24	25	26	27	28	29	30	31

Calendário mensal de sintomas menstruais

Gradue os seus sintomas conforme os experimentar a cada mês:

○ Nenhum

✔ Suave

◗ Moderado

● Sério

DIA DO CICLO	1	2	3	4	5	6	7
TIPO A							
Tensão nervosa							
Oscilações do humor							
Irritabilidade							
Ansiedade							
TIPO C							
Dor de cabeça							
Compulsão por doces							
Aumento do apetite							
Palpitações cardíacas							
Fadiga							
Tremores							
TIPO D							
Depressão							
Esquecimento							
Acessos de choro							
Insônia							
TIPO H							
Ganho de peso							
Inchaço nas extremidades							
Seios doloridos							
Inchaço abdominal							
DISMENORRÉIA							
Cólicas (no baixo-ventre)							
Dor nas costas							
Dores generalizadas							
Náuseas e vômitos							
ACNE							
Pele oleosa							
Cabelos oleosos							
Espinhas							

Mês 6

8	9	10	11	12	13	14	15	16	17	18	19	20	21	22	23	24	25	26	27	28	29	30	31

Calendário mensal de sintomas menstruais

Gradue os seus sintomas conforme os experimentar a cada mês:

○ Nenhum

✔ Suave

◗ Moderado

● Sério

DIA DO CICLO	1	2	3	4	5	6	7
TIPO A							
Tensão nervosa							
Oscilações do humor							
Irritabilidade							
Ansiedade							
TIPO C							
Dor de cabeça							
Compulsão por doces							
Aumento do apetite							
Palpitações cardíacas							
Fadiga							
Tremores							
TIPO D							
Depressão							
Esquecimento							
Acessos de choro							
Insônia							
TIPO H							
Ganho de peso							
Inchaço nas extremidades							
Seios doloridos							
Inchaço abdominal							
DISMENORRÉIA							
Cólicas (no baixo-ventre)							
Dor nas costas							
Dores generalizadas							
Náuseas e vômitos							
ACNE							
Pele oleosa							
Cabelos oleosos							
Espinhas							

Mês 7

8	9	10	11	12	13	14	15	16	17	18	19	20	21	22	23	24	25	26	27	28	29	30	31

Calendário mensal de sintomas menstruais

Gradue os seus sintomas conforme os experimentar a cada mês:

○ Nenhum

✔ Suave

◗ Moderado

● Sério

DIA DO CICLO	1	2	3	4	5	6	7
TIPO A							
Tensão nervosa							
Oscilações do humor							
Irritabilidade							
Ansiedade							
TIPO C							
Dor de cabeça							
Compulsão por doces							
Aumento do apetite							
Palpitações cardíacas							
Fadiga							
Tremores							
TIPO D							
Depressão							
Esquecimento							
Acessos de choro							
Insônia							
TIPO H							
Ganho de peso							
Inchaço nas extremidades							
Seios doloridos							
Inchaço abdominal							
DISMENORRÉIA							
Cólicas (no baixo-ventre)							
Dor nas costas							
Dores generalizadas							
Náuseas e vômitos							
ACNE							
Pele oleosa							
Cabelos oleosos							
Espinhas							

Mês 8

8	9	10	11	12	13	14	15	16	17	18	19	20	21	22	23	24	25	26	27	28	29	30	31

Calendário mensal de sintomas menstruais

Gradue os seus sintomas conforme os experimentar a cada mês:

○ Nenhum

✔ Suave

◗ Moderado

● Sério

DIA DO CICLO	1	2	3	4	5	6	7
TIPO A							
Tensão nervosa							
Oscilações do humor							
Irritabilidade							
Ansiedade							
TIPO C							
Dor de cabeça							
Compulsão por doces							
Aumento do apetite							
Palpitações cardíacas							
Fadiga							
Tremores							
TIPO D							
Depressão							
Esquecimento							
Acessos de choro							
Insônia							
TIPO H							
Ganho de peso							
Inchaço nas extremidades							
Seios doloridos							
Inchaço abdominal							
DISMENORRÉIA							
Cólicas (no baixo-ventre)							
Dor nas costas							
Dores generalizadas							
Náuseas e vômitos							
ACNE							
Pele oleosa							
Cabelos oleosos							
Espinhas							

Mês 9

8	9	10	11	12	13	14	15	16	17	18	19	20	21	22	23	24	25	26	27	28	29	30	31

Calendário mensal de sintomas menstruais

Gradue os seus sintomas conforme os experimentar a cada mês:

○ Nenhum

✔ Suave

❘ Moderado

● Sério

DIA DO CICLO	1	2	3	4	5	6	7
TIPO A							
Tensão nervosa							
Oscilações do humor							
Irritabilidade							
Ansiedade							
TIPO C							
Dor de cabeça							
Compulsão por doces							
Aumento do apetite							
Palpitações cardíacas							
Fadiga							
Tremores							
TIPO D							
Depressão							
Esquecimento							
Acessos de choro							
Insônia							
TIPO H							
Ganho de peso							
Inchaço nas extremidades							
Seios doloridos							
Inchaço abdominal							
DISMENORRÉIA							
Cólicas (no baixo-ventre)							
Dor nas costas							
Dores generalizadas							
Náuseas e vômitos							
ACNE							
Pele oleosa							
Cabelos oleosos							
Espinhas							

Mês 10

8	9	10	11	12	13	14	15	16	17	18	19	20	21	22	23	24	25	26	27	28	29	30	31

Calendário mensal de sintomas menstruais

Gradue os seus sintomas conforme os experimentar a cada mês:

○ Nenhum

✔ Suave

◗ Moderado

● Sério

DIA DO CICLO	1	2	3	4	5	6	7
TIPO A							
Tensão nervosa							
Oscilações do humor							
Irritabilidade							
Ansiedade							
TIPO C							
Dor de cabeça							
Compulsão por doces							
Aumento do apetite							
Palpitações cardíacas							
Fadiga							
Tremores							
TIPO D							
Depressão							
Esquecimento							
Acessos de choro							
Insônia							
TIPO H							
Ganho de peso							
Inchaço nas extremidades							
Seios doloridos							
Inchaço abdominal							
DISMENORRÉIA							
Cólicas (no baixo-ventre)							
Dor nas costas							
Dores generalizadas							
Náuseas e vômitos							
ACNE							
Pele oleosa							
Cabelos oleosos							
Espinhas							

Mês 11

8	9	10	11	12	13	14	15	16	17	18	19	20	21	22	23	24	25	26	27	28	29	30	31

Calendário mensal de sintomas menstruais

Gradue os seus sintomas conforme os experimentar a cada mês:

○ Nenhum

✔ Suave

◗ Moderado

● Sério

DIA DO CICLO	1	2	3	4	5	6	7
TIPO A							
Tensão nervosa							
Oscilações do humor							
Irritabilidade							
Ansiedade							
TIPO C							
Dor de cabeça							
Compulsão por doces							
Aumento do apetite							
Palpitações cardíacas							
Fadiga							
Tremores							
TIPO D							
Depressão							
Esquecimento							
Acessos de choro							
Insônia							
TIPO H							
Ganho de peso							
Inchaço nas extremidades							
Seios doloridos							
Inchaço abdominal							
DISMENORRÉIA							
Cólicas (no baixo-ventre)							
Dor nas costas							
Dores generalizadas							
Náuseas e vômitos							
ACNE							
Pele oleosa							
Cabelos oleosos							
Espinhas							

Mês 12

8	9	10	11	12	13	14	15	16	17	18	19	20	21	22	23	24	25	26	27	28	29	30	31

Hábitos alimentares e TPM

Anote o número de vezes que você come os seguintes alimentos:

ALIMENTO	NUNCA	UMA VEZ POR MÊS	UMA VEZ POR SEMANA	DUAS VEZES POR SEMANA OU MAIS
Café				
Chá preto				
Bebidas não-alcoólicas				
Leite de vaca				
Queijo de leite de vaca				
Manteiga				
Iogurte				
Ovos				
Chocolate				
Açúcar				
Álcool				
Carne bovina				
Carne de porco				
Carne de cordeiro				
Trigo				
Pão branco				
Macarrão branco				
Arroz branco				
Pastelaria com farinha branca				
Sal adicionado				
Caldos de carne				
Molho de salada industrializado				
Ketchup				

ALIMENTO	NUNCA	UMA VEZ POR MÊS	UMA VEZ POR SEMANA	DUAS VEZES POR SEMANA OU MAIS
Cachorro-quente				
Laranja				
Mamão				
Abacaxi				
Tomate				
Batata				
Berinjela				
Abacate				
Espinafre				
Feijões				
Beterraba				
Brócolis				
Couve-de-bruxelas				
Repolho				
Cenoura				
Aipo				
Couve-portuguesa				
Pepino				
Alho				
Raiz-forte				
Couve-manteiga				
Alface				
Folhas de mostarda				
Quiabo				
Cebola				
Pastinaca				
Ervilha				
Rabanete				
Rutabaga				
Abóbora				

ALIMENTO	NUNCA	UMA VEZ POR MÊS	UMA VEZ POR SEMANA	DUAS VEZES POR SEMANA OU MAIS
Nabo				
Folhas de nabo				
Inhame				
Arroz integral				
Painço				
Aveia em flocos				
Trigo-sarraceno				
Cevada				
Centeio				
Milho				
Semente de gergelim				
Semente de girassol				
Semente de abóbora				
Amêndoas				
Amendoim				
Maçã				
Frutas em bagas (morango, amora, framboesa etc.)				
Pêras				
Frutas da estação				
Óleo de milho				
Óleo de oliva				
Óleo de gergelim				
Óleo de canola				
Frango				
Peixe				

Chave para seus hábitos alimentares e sua TPM. Todos os alimentos que estão na área sombreada da lista acima são altamente estressantes e podem piorar seus sintomas de TPM. Se você come uma quantidade significativa desses alimentos, ou se os ingere com freqüência, então seus hábitos nutricionais podem estar contribuindo fortemente para os sintomas — nesse caso, é provável que os Capítulos 5 a 10 possam ajudá-la.

Todos os alimentos listados de feijão até peixe são de alto valor nutritivo e pouco estressantes, e podem ajudar a aliviar ou evitar os sintomas de TPM; esses alimentos deveriam ser incluídos com freqüência na sua dieta. Se você já come muitos desses alimentos e poucos dos alimentos altamente estressantes, então é provável que seus hábitos nutricionais sejam bons e que a nutrição não seja um fator de peso na sua TPM — nesse caso, a redução do *stress*, os exercícios e outros métodos de trabalho corporal talvez sejam mais importantes para você.

Hábitos de exercício e TPM

Anote o número de vezes que você pratica os seguintes exercícios:

EXERCÍCIO	NUNCA	UMA VEZ POR MÊS	UMA OU DUAS VEZES POR SEMANA	TRÊS VEZES POR SEMANA OU MAIS
Caminhar depressa				
Correr				
Nadar				
Andar de bicicleta				
Tênis				
Dança aeróbica				
Yoga				
Outro exercício				

Chave para seus hábitos de exercício e sua TPM. O exercício é uma boa válvula de escape para o *stress*, podendo melhorar a oxigenação e reduzir a dor. Se o número total de períodos de exercício por semana for menor do que três, então é provável que você seja propensa a múltiplos sintomas de TPM — nesse caso, os capítulos sobre vários tipos de exercício para a TPM serão importantes para você.

Se está se exercitando mais de três vezes por semana, continue a fazer seus exercícios; eles provavelmente estão diminuindo seus sintomas. Se quiser acrescentar exercícios corretivos específicos ao seu regime atual, escolha nas páginas 62 a 64 aqueles que melhor se adaptam aos seus sintomas individuais.

O que o *stress* faz ao seu corpo

Cheque os locais onde normalmente a tensão se localiza no seu corpo:
— Ombros
— Pescoço e garganta
— Rangido dos dentes
— Região do osso sacro
— Dor de cabeça
— Vista cansada
— Braços
— Músculos do estômago

Chave para você perceber o que o* stress *faz ao seu corpo. Esta avaliação a ajudará a perceber em que área do corpo você acumula o *stress*. Cada mulher tem
sua área "favorita": as tensões automaticamente se acumulam ali, como nozes
nas bochechas de um esquilo. Essa acumulação aumenta seu nível geral de fadiga e reduz sua energia. Acumular tensão na coluna vertebral pode piorar as
cólicas; acumulá-la no pescoço pode causar dor de cabeça.

Tente se manter consciente das áreas onde você guarda a tensão. Quando
sentir a tensão se concentrando nelas, comece a respirar profundamente. Isso
em geral libera a tensão imediatamente. Se não funcionar, utilize um dos outros
métodos descritos no capítulo sobre redução do *stress*.

Avaliação dos principais fatores de *stress*

Valor	Sua pontuação	Acontecimentos da vida
100	_____	Morte do marido
73	_____	Divórcio
65	_____	Separação conjugal
63	_____	Morte de um membro próximo da família
53	_____	Ferimento ou doença pessoal (grave)
50	_____	Iniciar um novo casamento
47	_____	Você é demitida do seu emprego estável
45	_____	Você se reconcilia com o marido de quem estava separada
45	_____	Você se aposenta
44	_____	Mudança no estado de saúde de um membro da família
40	_____	Você descobre que está grávida
39	_____	Dificuldades no desempenho sexual
39	_____	Chegada de um novo membro da família

39	_____	Você faz um reajustamento (importante) nos seus negócios
38	_____	Suas finanças passam por uma mudança radical
37	_____	Morte de um parente próximo
36	_____	Você muda para uma linha de trabalho diferente
35	_____	Aumento na quantidade de suas brigas conjugais
31	_____	Você toma um empréstimo ou faz uma hipoteca superior a US$ 70,000
30	_____	Você sofre execução de hipoteca ou empréstimo
29	_____	Mudança de responsabilidade no seu emprego
29	_____	Filho ou filha saem de casa
29	_____	Problemas irritantes com parentes por afinidade
28	_____	Reconhecimento por atividades extraordinárias
26	_____	Seu marido começa a trabalhar ou pára de trabalhar
26	_____	Você começa a estudar ou termina seu curso
25	_____	Você passa por uma mudança nas suas condições de vida
24	_____	Você revisa seus hábitos pessoais
23	_____	Você tem problemas com seu chefe
20	_____	Seu horário ou condições de trabalho ficam diferentes
20	_____	Você muda de residência
20	_____	Você muda sua área de estudos
19	_____	Alterações marcantes no seu lazer
19	_____	Mudanças nas atividades na sua igreja ou clube
18	_____	Mudança nas suas atividades sociais
17	_____	Você toma um empréstimo ou hipoteca inferior a US$ 70,000
16	_____	Mudança nos seus hábitos de sono
15	_____	Mudanças no número de reuniões familiares
15	_____	Seus hábitos alimentares se alteram
13	_____	Você sai de férias
12	_____	Chegam as festas de fim de ano
11	_____	Você comete uma leve infração da lei
TOTAL	_____	

(Esta avaliação foi adaptada do *Life Change Index* — Índice de Mudanças na Vida — desenvolvido pelo dr. Thomas Holmes e seus colaboradores da Escola de Medicina da Universidade de Washington.)

Chave para a avaliação dos principais fatores de stress. Um total acima de 300 pontos nesta avaliação indica situações de grande tensão e vulnerabilidade a doenças graves. Se você marcou mais de 300 pontos, empenhe-se *o máximo possível para fazer bem a si mesma*. Alimente-se bem, seguindo as orientações do

Capítulo 4; pratique exercícios; e aprenda os métodos para controle do *stress* apresentados no capítulo sobre redução do *stress*.

Se marcou entre 200 e 299 pontos, você também corre algum risco de doença e deveria seguir as sugestões acima.

Se marcou abaixo de 200 pontos, acredita-se que você corre pouco risco de doenças causadas pelo *stress*. Mas já que outros fatores estressantes, pequenos demais para constar desta tabela, também desempenham um papel na sua TPM, e já que é impossível prever ou impedir a ocorrência de certos fatores importantes de *stress*, sempre seria útil você aprender os métodos apresentados no capítulo sobre redução de *stress*.

Avaliação do *stress* cotidiano

Cheque cada item que parecer aplicar-se a você.

No trabalho

— **Excesso de esforço**. Demasiada responsabilidade recai sobre você ou você se esforça demais. Preocupa-se em fazer todo o trabalho, e fazê-lo bem.
— **Falta de estímulo**. Seu trabalho é tedioso. A falta de estímulo deixa você fatigada. Gostaria de estar em algum outro lugar.
— **Pressões de tempo**. Você se preocupa em ter seu trabalho pronto em tempo. Sente-se sempre pressionada.
— **Pressão do chefe**. Seu chefe exige demais de você. Seu chefe é excessivamente crítico.
— **Desconforto físico no local de trabalho**. As luzes são brilhantes demais ou demasiado fracas; o barulho é excessivo. Você está exposta a vapores nocivos ou produtos químicos. Há um excesso de atividade à sua volta, tornando difícil para você se concentrar.

Marido ou outra pessoa significativa

— **Comunicação**. Não há diálogo suficiente sobre os sentimentos. Vocês dois tendem a reprimir suas emoções. Há muita emoção negativa e muita dramatização. Você está sempre aborrecida e furiosa. Não tem paz e calma suficientes.
— **Discrepância na comunicação**. Um dos dois fala demais sobre os sentimentos; o outro, quase não fala a respeito.
— **Afeição**. Você sente que não está recebendo afeição suficiente. Não há abraços, toques e amor suficientes no seu relacionamento. Você se sente desconfortável com as exigências de seu parceiro.

- **Sexualidade**. Não há intimidade sexual suficiente. Você se sente anulada por seu parceiro. Ele exige relações sexuais demasiado freqüentes. Você se sente pressionada.
- **Filhos**. Eles fazem barulho demais. Exigem muito do seu tempo.
- **Organização**. Sua casa não é organizada. Há sempre um ar de bagunça e as tarefas ficam inacabadas.
- **Tempo**. Coisas demais para fazer e você nunca tem tempo suficiente para fazer tudo.
- **Responsabilidade**. Você precisa de mais ajuda. Há um excesso de exigências sobre seu tempo e sua energia.

Seu eu interior

- **Excesso de ansiedade**. Você se preocupa demais com cada coisinha insignificante. Está sempre preocupada com aquilo que pode sair errado.
- **Vitimização**. Todo mundo está tirando vantagem de você ou querendo feri-la.
- **Auto-imagem deficiente**. Você não gosta o bastante de si mesma. Está sempre encontrando defeitos em si mesma.
- **Excesso de crítica**. Você está sempre encontrando defeitos nos outros.
- **Incapacidade de relaxar**. Você está sempre agitada. É difícil para você relaxar.
- **Auto-renovação insuficiente**. Você não se distrai o suficiente, nem pára um pouco para relaxar e se divertir.
- **Sono insuficiente**. Você não dorme o bastante e freqüentemente se sente cansada.

Chave para a avaliação do **stress** *cotidiano*. Esta avaliação foi incluída para ajudá-la a tomar consciência daqueles pequenos fatores estressantes que existem no nosso dia-a-dia. Embora essas tensões não sejam tão significativas para a pessoa quanto as grandes tensões da vida, e sejam mais difíceis de quantificar cientificamente, elas podem se acumular e afetar a TPM e outros problemas de saúde. Tomar consciência delas é o primeiro passo para diminuir seus efeitos sobre nossa vida. No capítulo sobre redução de *stress*, discutimos os métodos para reduzi-los e ajudar o corpo a lidar com eles.

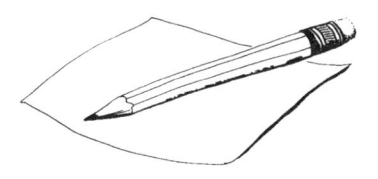

PARTE 3 : Como encontrar a solução

CAPÍTULO 4
Programa para a Tensão Pré-menstrual

Agora que conhece tudo sobre o problema, você está pronta para começar seu programa de tratamento. Este programa foi estabelecido de tal modo que você pode individualizar seu próprio plano de tratamento. Os métodos de que você precisa estão contidos nos capítulos a seguir. Eles incluem nutrição, redução do *stress*, exercícios, massagem por acupressão, exercícios de quiropraxia e yoga.

Este capítulo contém um plano-mestre que ajudará você a compor seu próprio programa. A tabela das páginas seguintes lhe dirá quais tratamentos usar para seus sintomas.

Há dois modos básicos de usar o plano de tratamento. Você pode localizar seus sintomas na tabela e então procurar diretamente os tratamentos para tais sintomas. Será fácil descobrir o que lhe fará bem se você tentar todas as terapias listadas sob o nome dos seus sintomas. É provável que você venha a descobrir que algumas terapias lhe fazem mais bem que outras. Estabeleça o regime que funciona para você e use-o todo mês. O outro modo é você continuar a ler este livro até o fim, obter uma visão geral das várias abordagens e então selecionar aquelas que está interessada em tentar. Aí você usará a tabela de tratamento para uma localização rápida e uma visão mais ampla. Qualquer que seja o modo escolhido, se você seguir fielmente seu próprio plano, começará a ver uma melhora nos seus sintomas e na sua vida com bastante rapidez — em um ou dois meses.

Tabela para tratamento completo da TPM

	TIPO A *ansiedade* *irritabilidade* *mudanças de* *humor*	TIPO C *compulsão por* *açúcar* *fadiga* *dor de cabeça*	TIPO H *ganho de peso* *inchaço* *seios doloridos*
Medicação	tranqüilizantes progesterona	analgésicos relaxantes musculares	diuréticos
Nutrição	A Dieta da Mulher; elimine cafeína, laticínios, chocolate e álcool	A Dieta da Mulher; elimine açúcar, chocolate, álcool e frutas tropicais	A Dieta da Mulher; elimine sal e laticínios
Vitaminas	Fórmula de vitaminas e sais minerais, página 82; enfatize complexo B, magnésio e inositol	Fórmula de vitaminas e sais minerais, página 82; enfatize complexo B e magnésio	Fórmula de vitaminas e sais minerais, página 82; enfatize complexo B e magnésio
Plantas	gengibre Bardana salsaparrilha	gengibre bardana salsaparrilha	gengibre bardana salsaparrilha
Exercícios	exercício moderado; caminhar, *jogging*, natação, tênis, andar de bicicleta	exercício moderado; caminhar, *jogging*, natação, tênis, andar de bicicleta	exercício moderado; caminhar, *jogging*, natação, tênis, andar de bicicleta
Redução do **stress**	exercícios de redução do *stress* da TPM	exercícios de redução do *stress* da TPM	exercícios de redução do *stress* da TPM
Massagem por acupressura	exercícios de acupressura 1* e 2	exercícios de acupressura 1, 2 e 7*	exercícios de acupressura 1, 2 e 4*

(*) Esses exercícios são particularmente úteis.

	TIPO A *ansiedade* *irritabilidade* *mudanças de* *humor*	**TIPO C** *compulsão por* *açúcar* *fadiga* *dor de cabeça*	**TIPO H** *ganho de peso* *inchaço* *seios doloridos*
Massagem nos pontos neurolinfáticos	NL-1	NL-3 e NL-4	NL-1 e NL-2
Pontos de sustentação neurovasculares	NV-1 e NV-2	NV-2	
Yoga	Pernas para o alto, "Postura da criança", "A esponja"	Flexão da coluna, "O arco"	Postura do ângulo aberto, "O arado", "A esponja"

	TIPO D *depressão* *confusão* *perda da memória*	**ACNE** *espinhas* *pele oleosa* *cabelo oleoso*	**DISMENORRÉIA** *cólicas* *dor na região* *do sacro* *náusea e vômitos*
Medicação	antidepressivos	antibióticos, peróxido de benzil	analgésicos, antiprostaglandinas
Nutrição	A Dieta da Mulher; elimine laticínios	A Dieta da Mulher; elimine laticínios, açúcar, chocolate, álcool e frutos oleaginosos	A Dieta da Mulher; elimine laticínios

	TIPO D	ACNE	DISMENORRÉIA
Vitaminas	fórmula de vitaminas e sais minerais, página 82; enfatize complexo B e magnésio	fórmula de vitaminas e sais minerais, página 82; enfatize vitamina A, colina e inositol	fórmula de vitaminas e sais minerais, página 82; magnésio e cálcio
Plantas	gengibre alcaçuz	bardana dente-de-leão alfafa	gengibre
Exercícios	exercício modera-do; caminhar, *jogging*, natação, tê-nis, andar de bicicleta	exercício modera-do; caminhar, *jogging*, natação, tê-nis, andar de bicicleta	exercício modera-do; caminhar, *jogging*, natação, tê-nis, andar de bicicleta
Redução do stress	exercícios de redução do *stress* da TPM	exercícios de redução do *stress* da TPM	exercícios de redução do *stress* da TPM
Massagem por acupressura	exercícios de acupressura 2 e 7*	exercícios de acupressura 1, 2 e 6*	exercícios de acupressura 1, 2, 3*, 4* e 5*
Massagem nos pontos neurolinfá-ticos	NL-1	NL-2	NL-5
Pontos de sustentação neurovasculares	NV-1 e NV-2		
Yoga	"Cão de cabeça para baixo", "O arco"	Flexão da coluna, "O arco"	Alongamento de braços e pernas, Pernas para o al-to, "O gafanhoto, "O arado", "A esponja", "O arco", Postura da criança

(*) Esses exercícios são particularmente úteis.

CAPÍTULO 5
A Dieta da Mulher:
Nutrição para uma vida livre de
TPM

Nunca é exagero afirmar a importância da boa nutrição no controle da TPM. Nenhum medicamento poderá contrabalançar totalmente os efeitos de uma má dieta. E nenhuma cura médica, por mais miraculosa que seja, poderá ser tão satisfatória como as mudanças que vemos nas pacientes que vêm até nós em desespero, às vezes com sintomas físicos e mentais tão sérios que até exigem hospitalização, e voltam, depois de alguns meses seguindo nossa Dieta da Mulher, não só livres dos sintomas originais como também relatando que têm mais energia e uma sensação de bem-estar que não sentiam havia anos. (Às vezes elas nos contam que também desapareceram sintomas que elas nunca haviam associado à TPM, como alergias e fobias.)

Eu a chamo de Dieta da Mulher e não de Dieta TPM porque ela é mais do que a simples soma dos nossos conhecimentos sobre aquilo que é ruim e aquilo que é bom para a TPM. Esta é realmente a dieta que toda mulher, depois da puberdade, deveria seguir (com pequenos ajustes durante a gravidez e na menopausa) a fim de viver com a melhor saúde possível.

À primeira vista, é chocante ver a lista de alimentos que pioram a TPM. Essa lista inclui muitos itens da nossa dieta cotidiana e muitos dos alimentos aos quais as mulheres se voltam automaticamente quando se sentem cansadas e querem um "estimulante" (ou quando se sentem deprimidas e buscam consolo na comida). Mas o fato é que quase todos esses alimentos ganharam importância na nossa dieta nos últimos cem anos. Eles não fazem parte da nossa herança nutricional. Muitos deles realmente criam vício e sua importância na nossa dieta deve-se ao fato de causarem ciclos de comilança e fome.

Pode levar de três meses a dois anos para uma pessoa se livrar completamente desses alimentos; mas, uma vez que você esteja livre, eles exercerão pouca atração, particularmente quando comparados com os novos alimentos que foram acrescentados à sua dieta.

Felizmente, também é longa a lista de alimentos que são bons para a TPM. E depois que você tiver aprendido o modo de prepará-los, eles não serão menos deliciosos ou convenientes do que os alimentos que são ruins para a TPM.

A Dieta da Mulher não é uma dieta de renúncias. Eu acho que você verá, quando começar a cozinhar usando nosso Livro de Receitas (página 109), que ela não exige sacrifícios do paladar nem compromete a facilidade de preparo. Muitas dessas refeições podem ser preparadas em 15 ou 20 minutos e exigem poucos ingredientes.

Também não há razão para você sacrificar a delicadeza e o prazer da hospitalidade. Os alimentos da Dieta da Mulher são nutritivos para toda a família e podem ser apresentados com tanta elegância quanto qualquer prato da cozinha francesa tradicional.

A Dieta da Mulher é o resultado de quase vinte anos de experiência com pacientes de TPM. Sinto que preciso, infelizmente, alertá-la contra algumas dietas que foram apresentadas como dietas para a TPM, mas não parecem ser baseadas em experiência clínica. Muitas delas são infundadas e inseguras. Dietas que incluem alimentos de consumo corriqueiro, como laticínios, ovos e carne, mesmo em pequenas quantidades, podem piorar os sintomas. A inclusão desses alimentos num programa de tratamento da TPM é contrária a quase todos os modelos nutricionais conhecidos, incluindo os do dr. Guy Abraham (especialista em TPM), das teorias naturopatas, dos praticantes da macrobiótica japonesa, dos nutricionistas chineses e mesmo da Associação Cardiológica Norte-americana.

Nas diretrizes a seguir, a fisiologia subjacente à Dieta da Mulher é explicada nos termos da medicina ocidental. Parece válido mencionar, porém, que os mesmos alimentos seriam indicados pelo modelo de saúde tradicional do Oriente. Esse modelo apresenta o mundo como um equilíbrio de elementos opostos: o *yin*, que abrange todos aqueles elementos do corpo, condições de saúde e alimentos que são frios, passivos, negativos, contendo açúcar, contendo água e expansivos; e o *yang*, que descreve tudo aquilo que é quente, ativo, positivo, contendo sal e contraentes. Os alimentos yin incluem doces, refrigerantes, farinha branca e derivados do leite. Os alimentos yang incluem ovos, carne e alimentos salgados e condimentados. Os alimentos neutros incluem cereais, feijões, peixe, hortaliças, vegetais marinhos e frutas de clima temperado. Basear a alimentação predominantemente numa ou noutra extremidade do espectro é considerado estressante para o corpo e provavelmente predispõe à doença. É interessante notar que os alimentos do extremo yin e do extremo yang são idênticos aos alimentos altamente estressantes do modelo ocidental, aqueles que podem piorar a TPM.

Os alimentos que pioram a TPM

A Dieta da Mulher, em primeiro lugar e acima de tudo, limita:

- os alimentos com altos teores de açúcar refinado, cafeína, gorduras saturadas e sal.
- os alimentos altamente processados e cheios de aditivos.

Um artigo de 1994 do *American Family Physician* reportava que uma dieta bem balanceada com baixo teor de gorduras saturadas, mas com as quantidades adequadas de carboidratos complexos, proteína e fibras, e com uma ingestão mínima de cafeína, álcool e sal, é a mais benéfica para o alívio dos sintomas de TPM.

Alimentos que pioram a TPM (e por quê)	Alimentos que os substituem
Bebidas cafeinadas, incluindo *café*, *chá* e *refrigerantes à base de cola*. A cafeína pode causar seios doloridos, ansiedade, irritabilidade e oscilações do humor, além de esgotar os depósitos de vitamina B do corpo — assim interferindo no metabolismo dos carboidratos. Um estudo reportado no *American Journal of Public Health* em 1985 perguntou a 216 universitárias sobre a gravidade de seus sintomas de TPM em relação à ingestão de cafeína. Somente 16% das moças que não usavam cafeína apresentaram sintomas graves. Por outro lado, as 60% que bebiam mais de 4,5 xícaras de bebidas cafeinadas por dia apresentaram sintomas graves.	De início, o *café descafeinado* preparado com água costuma ser o substituto mais fácil no caso das mulheres que apreciam o sabor do café. Os substitutos do café fabricados à base de cereais (como as marcas *Pero*, *Postum* e *Caffix*) são ainda melhores. O *chá de gengibre* é um estimulante que pode ser realmente terapêutico para as mulheres com fadiga, pois tem um efeito vitalizante e energético.

Alimentos que pioram a TPM (e por quê)	Alimentos que os substituem

Os *laticínios*, incluindo *leite de vaca, queijo de leite de vaca, manteiga, creme, sorvete* e *iogurte*, interferem na absorção do magnésio, um mineral que pode reduzir as cólicas, ajudar o metabolismo da glicose e estabilizar as oscilações do humor. O alto teor de sódio desses alimentos pode piorar a retenção de líquidos e o inchaço. Seu alto teor de gordura saturada diminui a eficiência do fígado ao metabolizar os hormônios femininos. Além disso, a gordura contida nos laticínios é a matéria-prima que o corpo usa para produzir os hormônios prostaglandina de série II, os quais têm sido ligados às cólicas menstruais, inchaços e oscilações do humor. A eliminação do leite e do iogurte, mesmo os desnatados, pode reduzir sintomas como fadiga e inchaço abdominal.

Evite os produtos fabricados com leite de vaca. Leite de soja, iogurte de soja, leite à base de batata e os leites de frutos oleaginosos (amêndoas, castanhas, amendoim, nozes etc.) são boas fontes de cálcio e podem ser usados como bebida, para acompanhar cereais matinais ou para cozinhar. Meu favorito é o *DariFree* da Vance, um substituto do leite, à base de batata. É uma excelente fonte de carboidratos complexos, isenta de gorduras, e contudo tem sabor surpreendentemente similar ao do leite com 2% de gordura. *O leite de soja* também pode substituir o leite de vaca ou o creme para engrossar os molhos. Como substituto da manteiga, o *óleo de linhaça* é dourado, cremoso e delicioso. Ele é perecível e deve ser conservado bem fechado no refrigerador. Não deve ser usado para cozinhar e **nem deve ser aquecido**. Prepare primeiro o arroz, as batatas cozidas, os vegetais no vapor e o pão de alho. Logo antes de servir, misture o óleo de linhaça. As pastas de frutos oleaginosos também são bons substitutos desidrogenados da manteiga. Boas fontes de cálcio, fora dos laticínios, incluem *folhas verdes* (couve-portuguesa, couve-manteiga, mostarda), *feijões, ervilhas, feijão de soja, sementes de gergelim, alfarroba, peixe* e *caldo de galinha* feito com ossos.

Alimentos que pioram a TPM (e por quê)

Alimentos que os substituem

O *chocolate* piora as oscilações do humor, intensifica a compulsão por açúcar, provoca ganho de peso e aumenta as necessidades de vitaminas do complexo B. Também causa dor nos seios.

A *alfarroba não adoçada* tem gosto de chocolate mas é muito mais nutritiva (embora também seja rica em calorias e gordura, e deve ser ingerida em pequenas quantidades). A alfarrobeira é um membro da família das leguminosas e contém alto teor de cálcio. Pode ser comprada na forma de barras, como substituto da barra de chocolate, ou em pó, para ser usada ao cozinhar ou em bebidas. O magnésio proporcionado pelo chocolate pode ser encontrado em muitos outros alimentos. (Ver página 79.)

O *açúcar* priva o corpo dos sais minerais e vitaminas do complexo B, e intensifica a compulsão por doces e os sintomas do Tipo C. Um estudo publicado em 1991, no *Journal of Reproductive Medicine*, comparou a saúde prémenstrual com os hábitos alimentares. O consumo de alimentos adoçados, como sucos, bebidas à base de cola, chocolate e bebidas alcoólicas estava correlacionado aos mais graves sintomas de TPM.

Alimentos mais doces, em menor quantidade. O mel de abelhas é 2,5 vezes mais doce que o açúcar. O xarope de bordo também é mais doce e mais concentrado do que o açúcar. O *suco de maçã* também pode ser usado como substituto do açúcar ao cozinhar. (Ver tabela de substituição à página 124.)

O *álcool* priva o corpo da vitamina B e dos sais minerais, destrói o metabolismo dos carboidratos e intensifica os sintomas do Tipo C. O álcool tem efeito tóxico sobre o fígado e pode destruir a capacidade do fígado de metabolizar os hormônios, causando assim um nível de estrogênio acima do normal.

Os *vinhos suaves* e a *cerveja*, em pequenas quantidades, têm um teor alcoólico menor que o do uísque, dos licores e do vinho normal. Um coquetel não-alcoólico, como *água mineral* com uma fatia de lima ou limão ou uma gotinha de *bitters*, é um substituto ainda melhor. E os substitutos não-alcoólicos da cerveja têm praticamente o mesmo sabor da verdadeira cerveja.

Alimentos que pioram a TPM (e por quê)	Alimentos que os substituem
Carne bovina, carne de porco e de cordeiro têm um alto teor de gordura que pode comprometer o bom funcionamento do fígado. Algumas carnes bovinas contêm pequenas quantidades de estrogênios sintéticos, usados para aumentar o crescimento do gado. O excesso de proteína aumenta a exigência de sais minerais.	Substitua por *peixe* ou *frutos do mar*. Há também algumas ótimas fontes vegetais de proteínas, incluindo cereais *integrais, feijões e ervilhas, sementes e frutos oleaginosos*. Esses alimentos tendem a ser versáteis e contêm fibras, carboidratos complexos e muitas vitaminas e sais minerais.
Todos os alimentos com *sal* e *alto teor de sódio*, como caldos de carne, molhos de salada comercializados, *ketchup* e cachorro-quente, pioram a retenção de líquidos, o inchaço e a dor nos seios.	*Os substitutos do sal à base de potássio são bem menos nocivos*. As *algas* são um delicioso produto vegetal marinho. E são também uma excelente fonte de iodo e outros elementos minerais. A mistura de ervas produz um condimento delicioso. Acho excelentes o molho de soja com pouco sal, os amino-líquidos *Bragg* e os molhos sem sal *Health Valley* e *Mrs. Dash*.

Os alimentos que ajudam na TPM

A Dieta da Mulher enfatiza o uso de alimentos integrais frescos. É um retorno àquela dieta à qual nosso corpo se adaptou ao longo de milhares de anos. Ela enfatiza:

Alimentos preparados com cereais integrais

Cereais integrais: Os cereais integrais (incluindo milho, cevada, aveia, centeio, painço, trigo-sarraceno e arroz integral) são carboidratos complexos, capazes de estabilizar o açúcar no nosso sangue e ser de grande ajuda para eliminar a compulsão pré-menstrual por doces. Eles contêm excelentes fontes de proteínas, fibras, vitaminas B e E e vários sais minerais. Podem ser preparados de inúmeras maneiras. Geralmente recomendo às mulheres com TPM que evitem o trigo, pois descobri que ele aumenta o inchaço, estimula o ganho de peso e os gases. Isso talvez se deva ao teor de glúten do trigo, que é difícil de digerir e ao qual muitas pessoas são profundamente alérgicas.

Flocos de cereais integrais: Os flocos de cereais integrais, quentes ou frios, ajudarão a combater a TPM. Uma boa dica, se você faz suas compras em supermercados, é a Aveia Quaker de *cozimento lento* (a de cozimento rápido é um produto refinado e você deve evitá-la se tem TPM). Os entrepostos de alimentos naturais oferecem uma escolha mais ampla de cereais. Painço, milho e arroz inflados estão disponíveis para um desjejum frio. Granola sem adição de açúcar, creme de centeio e farelo de trigo-sarraceno também são bons.

Pão integral: Aproveite os muitos e diferentes pães integrais que hoje estão disponíveis nos entrepostos de alimentos naturais — pães de arroz, gergelim e painço, farinha de aveia, soja e batata, centeio, feijão-de-lima, entre outros. Escolha marcas sem adição de açúcar.

Biscoitos tipo **cracker**: Os *crackers* podem ser usados para refeições ligeiras ou sanduíches abertos. *Crackers* de arroz integral compõem um lanche particularmente bom. Cobertos com manteiga de frutos oleaginosos ou geléia de frutas, eles ajudam a estabilizar o nível de açúcar no sangue em mulheres com TPM Tipo C.

Panquecas e **waffles**: Você pode fazer panquecas e *waffles* com aveia, milho, trigo-sarraceno ou farinha de arroz. Formas de adoçantes concentradas, como xarope de bordo, mel e compota de maçã, podem ser usadas em pequenas quantidades.

Massas: Quando se menciona a palavra "massas", a maioria das mulheres pensa em macarrão e espaguete de farinha refinada. Como já mencionei, em muitas mulheres com TPM o trigo piora o inchaço, estimula o ganho de peso e os gases. Mas hoje em dia é muito fácil encontrar massas feitas com outros grãos, como trigo-sarraceno, arroz, milho e soja. A massa integral também é produzida com vários vegetais delicadamente temperados, incluindo alcachofra e espinafre.

Leguminosas

Lentilhas, feijões de todos os tipos, grão-de-bico, feijão azuki e ervilhas verdes também são benéficos para o alívio dos sintomas de TPM. Devido ao seu alto teor de carboidratos complexos e proteínas, eles ajudam a regular os níveis de açúcar no sangue, com isso estabilizando as oscilações de humor, a ansiedade e os estados de energia. Quando acompanhado de cereais, eles formam uma proteína completa que é comparável à dos ovos ou da carne.

O tofu e outros alimentos à base de soja formam o fundamento da dieta japonesa e de outras partes do Oriente. Mas os alimentos à base de soja estão sendo cada vez mais usados na dieta ocidental e hoje são encontrados com facilidade.

A soja é um alimento excelente para as mulheres com TPM porque é uma extraordinária fonte de estrogênio vegetal. Os estrogênios vegetais realmente ajudam a aliviar os sintomas da TPM, competindo com o nível de estrogênio da mulher quando este está alto demais. Desse modo, o uso de produtos à base de soja ajuda a normalizar os níveis de estrogênio, reduzindo os sintomas da TPM. Além disso, os grãos de soja são uma fonte excelente de ácidos graxos essenciais, proteína vegetal, cálcio, potássio, vitamina C e outros importantes nutrientes.

Muitas mulheres utilizam produtos à base de soja com alto teor de proteínas, como o tofu e o tempê, fritos à moda chinesa, assados no forno ou com macarrão, para substituir a carne. Além disso, existem hoje muitos produtos preparados à base de soja que substituem os laticínios. Nesses produtos de soja, saudáveis e de fácil digestão, incluem-se o leite, o iogurte, o queijo, o creme azedo e até mesmo o sorvete.

Sementes e frutos oleaginosos

As sementes e os frutos oleaginosos (nozes, amendoim, amêndoas, pistache etc.) são excelentes fontes de proteína. Devem ser consumidos crus e sem sal. Nunca coma frutos oleaginosos e sementes que tenham sido torrados e salgados, pois eles apenas piorarão seus sintomas. Como eles têm alto teor de calorias, as quantidades consumidas devem ser moderadas se você tiver problema de ganho de peso pré-menstrual. Se você tiver acne, coma apenas uma quantidade mínima.

Hortaliças

As hortaliças de folhas verdes, como os vários tipos de couve e a mostarda; as hortaliças das quais se consome a raiz, como a rutabaga, a cenoura, o nabo e a pastinaca; e as hortaliças verdes da família das crucíferas, como brócolis e couve-de-bruxelas, têm alto teor de vitamina A, magnésio, cálcio e outros nutrientes que aliviam os sintomas da TPM. As hortaliças vermelhas, alaranjadas e amarelas, como a cenoura, o pimentão, a batata-doce e as abóboras, têm alto teor de carboidratos complexos e fibras e também ajudam a reduzir a hipoglicemia ligada à TPM e as oscilações do humor. Seu alto teor de vitamina A ajuda a regular o sangramento menstrual intenso e a acne pré-menstrual.

Frutas

As melhores para a TPM são as frutas da estação e cultivadas em climas temperados, como maçãs e pêras. Elas tendem a possuir um teor mais alto de fibras e um teor mais baixo de açúcar. Frutas cultivadas ao sol tropical tendem a ser muito mais doces, o que pode piorar a retenção de líquidos e a compulsão por doces nas mulheres suscetíveis a esses problemas. Se as frutas tropicais forem incluídas na sua dieta, o ideal é que sejam consumidas no verão.

Óleos

Entre os óleos preferidos estão incluídos os óleos de gergelim, de oliva, de milho e de canola. Ao contrário das gorduras animais, eles são insaturados. (Todos eles, exceto o óleo de oliva, são poliinsaturados.) Os óleos produzidos por pressão a frio tendem a ser mais frescos e mais puros.

Lista de compras para a TPM

Hortaliças e Leguminosas	*Cereais integrais*	*Óleos*
	Arroz integral	Linhaça
	Painço	Milho
Abóbora	Aveia em flocos	Oliva
Aipo	Trigo-sarraceno	Gergelim
Alface	Cevada	Canola
Alho	Centeio	
Beterraba	Milho	*Alimentos de outras culturas*
Brócolis		
Cebolas	*Sementes e frutos oleaginosos*	Missô
Cenoura		Shoyu
Couve-de-bruxelas	Semente de linhaça	Algas
Couve-manteiga	Semente de gergelim	Gersal
Couve-portuguesa	Semente de girassol	Ameixa umeboshi
Ervilha	Semente de abóbora	
Feijões	Amêndoas (ou casta-	*Carnes*
Folhas de mostarda	nhas, noz-pecã,	Peixe
Folhas de nabo	castanha-de-caju ou	Frutos do mar
Inhame	avelãs)	(com moderação)
Nabo		
Pastinaca	*Frutas*	*Substitutos dos laticínios*
Pepino	Frutas da estação	Leite de batata
Quiabo	(uma por dia)	Leite de soja
Rabanete	Frutas de bagas	Leite de frutos
Raiz-forte	(morango, amora,	oleaginosos
Repolho	framboesa etc.)	Queijos, requeijão,
Rutabaga	Maçã	iogurte e sobremesas
	Pêra	congeladas, todos à
		base de soja

(*) *Evite todos os produtos à base de soja que contenham óleo hidrogenado.*

CAPÍTULO 6

Vitaminas e sais minerais para a TPM

Há um grande número de vitaminas e sais minerais que são importantes para a mulher superar a TPM. Se você fizer suas compras segundo a Lista de Compras para a TPM (página 73), comer uma grande variedade de alimentos e fizer rotação deles, obterá a maior parte daquilo de que necessita. Mas se tem sintomas particularmente rebeldes, você pode enfatizar os alimentos (e os suplementos vitamínicos) que são ricos nos elementos que a ajudarão. (Por exemplo, uma mulher com acne pode comer mais cenouras; uma mulher com cólicas, mais vegetais de folhas verdes; uma mulher com sangramento acentuado, mais folhas de beterraba.)

As vitaminas e os sais minerais e o que eles fazem

Vitamina A. Esta vitamina ajuda a melhorar a saúde da sua pele. Ela é útil para suprimir a acne e a pele oleosa do período pré-menstrual. Há dois tipos de vitamina A. Uma delas, de fontes animais (como o óleo de peixe), é armazenada no fígado e pode ser tóxica se ingerida em doses excessivas (mais do que 25.000 unidades internacionais [UI] por dia durante vários meses). O caroteno, um precursor da vitamina A encontrado em fontes vegetais, é mais facilmente digerido após a ingestão. Não é tóxico, mesmo em grandes quantidades. Uma única cenoura chega a ter 10.000 UI. Algumas outras boas fontes alimentícias de vitamina A são listadas a seguir.

Algumas fontes alimentícias de vitamina A
(na ordem, começando pela melhor)

Ingestão diária recomendada para o adulto: 5.000 UI.
Necessidades terapêuticas para a TPM: 15.000 a 40.000 UI.
    Cenoura
    Abóbora amarela

Salmão
Folhas de dente-de-leão
Abóbora *hubbard*
Batata-doce
Folhas de nabo
Couve-manteiga
Folhas de mostarda
Folhas de beterraba
Bok choy (acelga chinesa)
Brócolis
Pimentão vermelho
Abricó
Alface romana
Pêssego
Aspargos
Alface manteiga

O complexo vitamínico B. O complexo vitamínico B consiste em onze elementos que agem conjuntamente na execução de importantes funções metabólicas, incluindo o metabolismo da glicose, a inativação do estrogênio efetuada pelo fígado e a estabilização da química do cérebro. As vitaminas do complexo B são geralmente encontradas juntas em alimentos como os cereais integrais, o lêvedo de cerveja, o fígado e as leguminosas, mas as quantidades relativas dos elementos individuais varia bastante de um alimento para outro.

A tensão emocional faz o corpo perder as vitaminas B solúveis em água. O resultado é fadiga e irritabilidade.

As doses terapêuticas que recomendo para a TPM (IDR-TPM) de algumas das vitaminas B importantes são:

	IDR-TPM (ingestão diária recomendada para a TPM)
Tiamina (vitamina B_1)	50 mg
Riboflavina (vitamina B_2)	50 mg
Niacina (vitamina B_3)	50 mg
Biotina	30 mcg
Ácido pantotênico (vitamina B_5)	50 mg
Piridoxina (vitamina B_6)	200 mg
Ácido paraminobenzóico	50 mg
Colina	50 mg
Inositol	50 mg
Cianocobalamina (vitamina B_{12})	50 mcg
Ácido fólico	200 mcg

Colina e inositol. Dentre as vitaminas B, colina, inositol e B$_6$ são conhecidos por sua particular importância na prevenção da TPM. Colina e inositol aumentam a capacidade do fígado de decompor os alimentos gordurosos e hormônios solúveis em gordura, como o estrogênio. O inositol é também um tranqüilizante do sistema nervoso central e pode ajudar a acalmar a ansiedade e irritabilidade pré-menstruais. Inositol e colina são encontrados em grande quantidade na soja, germe de trigo, farelos e milho.

Vitamina B$_6$. Doses diárias entre 50 a 300 mg podem ajudar a regular muitos sintomas pré-menstruais, incluindo oscilações do humor, irritabilidade, retenção de líquidos, seios doloridos, inchaço, compulsão por açúcar e fadiga. Contudo, doses acima desses níveis podem ser tóxicas e devem ser evitadas. (Isso foi observado em pesquisa feita na UCLA e outras instituições na década de 1980.) Os níveis de vitamina B$_6$ podem diminuir nas mulheres que usam pílulas anticoncepcionais.

Se você está tomando alguma das vitaminas B, é importante ingerir também todas as outras vitaminas do complexo.

Algumas fontes alimentícias de vitamina B$_6$ (na ordem, começando pela melhor)

Ingestão diária recomendada para o adulto: 2 miligramas
Necessidades terapêuticas para a TPM: 50 a 300 miligramas

Salmão	Farinha de centeio
Frango	Arroz integral
Atum	Brócolis
Soja	Aspargo
Farelo de arroz	Germe de trigo
Couve-manteiga	Couve-de-bruxelas
Farinha de trigo-sarraceno	Folhas de beterraba
Feijão branco	Ervilhas verdes
Lentilhas	Sementes de girassol
Feijão-de-lima	Batata-doce
Feijão-fradinho	Couve-flor
Caupi	Lêvedo de cerveja
Camarão	Alho-poró
Farinha de trigo integral	

Vitamina C. Esta é uma importante vitamina antioxidante e antiestressante. Ela é necessária para a síntese do hormônio adrenocortical e para a função imunológica. Tem também um efeito anti-histamínico que pode ajudar as mulheres cujas alergias pioram antes do período menstrual. A vitamina C também ajuda a reduzir os sintomas do *stress* emocional e da fadiga, dando apoio às funções supra-renais.

Algumas fontes alimentícias de vitamina C (na ordem, começando pela melhor)

Ingestão diária recomendada para o adulto: 45 miligramas
Necessidades terapêuticas para a TPM: 500 mg a 3 g

Pimentão vermelho	Nabo
Couve-de-bruxelas	Ervilha
Couve-portuguesa	Framboesa vermelha
Azeda-miúda	Amora-preta
Couve-manteiga	Feijão-de-lima
Pimentão verde	Acelga
Morango	Tomate
Lamb's-quarters (*Chenopodium album*)	Espinafre
Couve-rábano	Abacaxi
Couve-flor	Batata-doce
Folhas de mostarda	Batata
Laranja	Frutas azuis em bagas
Grapefruit	Broto de feijão
Repolho	Banana
Rutabaga	Frango
Salmão	
Limão	

Pycnogenol e isoflavonas têm efeitos significativos sobre a fisiologia da mulher em fase pré-menstrual. Os estudos mostram que o pycnogenol (derivado da casca do pinheiro ou de sementes de uva), em doses de 50 mg uma ou duas vezes por dia, reduz o inchaço, a retenção de líquidos e a dor nos seios. As bioflavinas, como o genistein e o daidzein, são fontes naturais de estrogênio vegetal encontradas no grão de soja e em outros produtos à base de soja. Essas substâncias químicas, suaves e semelhantes ao estrogênio, ajudam a modular os efeitos dos estrogênios mais potentes produzidos pelo corpo. Em doses entre 1.000 e 2.000 mg por dia, elas ajudam a reduzir as oscilações do humor, a retenção de líquidos e as dores de cabeça.

Vitamina E. Pesquisas preliminares associaram níveis adequados de vitamina E com a fertilidade em ratos. Isso sugeria que a vitamina E exerce um forte efeito no sistema hormonal, o que tem sido corroborado nos últimos quinze anos por testes clínicos. Num estudo da Escola de Medicina da Universidade Johns Hopkins, mostrou-se que a vitamina E pode ser bastante eficaz na redução dos sintomas da TPM, incluindo ansiedade, irritabilidade, depressão e compulsão alimentar, os quais diminuíram de 25 a 30% em mulheres que usavam 400 UI de vitamina E por dia. Estudos realizados em diversas instituições, incluindo a Escola de Medicina da Universidade Johns Hopkins, também observaram que a vitamina E, em doses de 600 UI, reduz a dor na mama (mastalgia) ligada à TPM.

Algumas fontes alimentícias de vitamina E (na ordem, começando pela melhor)

Ingestão diária recomendada para o adulto: 12 a 15 UI
Necessidades terapêuticas para a TPM: 400 a 1.600 UI

óleo de germe de trigo	óleo de amendoim
óleo de castanha	brócolis
óleo de girassol	couve-de-bruxelas
batata-doce	maçã
óleo de canola	centeio
folhas de nabo	ervilha
folhas de beterraba	milho
alho-poró	pastinaca
germe de trigo	amora-preta
aspargo	fubá
óleo de milho	trigo
óleo de gergelim	

Cálcio. A ingestão adequada de cálcio ajuda a reduzir as dores menstruais, bem como os problemas de humor e retenção de líquidos associados à TPM. O efeito benéfico do cálcio sobre os sintomas de TPM foi reportado num estudo de 1993 do *American Journal of Obstetrics and Gynecology.* O cálcio ajuda a manter o tônus muscular normal e previne cólicas e dores. Ele está presente na lista mostrada abaixo.

Algumas fontes alimentícias de cálcio (na ordem, começando pela melhor)

Ingestão diária recomendada para o adulto: 800 miligramas
Necessidades terapêuticas para a TPM: 200 a 800 miligramas

folhas de couve-portuguesa
salmão
camarão
melado

sementes de gergelim
bok choy (acelga chinesa)
couve-manteiga
folhas de mostarda
brócolis
tofu

quiabo
folhas de dente-de-leão
farinha de milho
feijão de soja
farinha de alfarroba
rutabaga

Magnésio. As pesquisas feitas na década de 1980 na Escola de Medicina da UCLA observaram que os níveis de magnésio se reduzem nas mulheres com TPM. O magnésio ajuda a aliviar as cólicas menstruais e controla a compulsão pré-menstrual por açúcar. Também ajuda a normalizar o metabolismo da glicose e estabiliza o humor ao agir sobre a química do cérebro. O magnésio na verdade otimiza a quantidade de cálcio utilizável pelo nosso organismo, ao aumentar a absorção do cálcio. Por outro lado, o cálcio pode interferir na absorção do magnésio. A recomendação usual é duas medidas de cálcio para uma medida de magnésio, mas, para a paciente de TPM, essa proporção deve ser invertida nos primeiros 6 a 12 meses de tratamento. Descobriu-se que uma forma específica de magnésio (o magnésio aspartate) também diminui a fadiga, que é um problema real para algumas mulheres com TPM.

Algumas fontes alimentícias de magnésio (na ordem, começando pela melhor)

Ingestão diária recomendada para o adulto: 350 miligramas
Necessidades terapêuticas para a TPM: 300 miligramas (em suplemento)

feijão de soja	painço	sementes de gergelim
folhas de beterraba	folhas de dente-de-leão	pastinaca
caupi	frango	manteiga de amendoim
camarão	lentilha	avelã
feijão branco	caju	beterraba
feijão-de-lima	farinha de centeio	nabo
feijão-roxo	folhas de mostarda	milho
trigo-sarraceno	arroz integral	brócolis
salmão	ervilha	couve-flor
farinha de trigo integral	farinha de aveia	pistache
tofu	batata-doce	pão de trigo integral
folhas de nabo	couve-de-bruxelas	cevada
couve-portuguesa	couve-manteiga	noz-pecã
fubá	amêndoas	abobrinha comum
grão de trigo	feijão comum	cebola

aspargo	castanha	repolho
amendoim	pimentão verde	sementes de girassol
cenoura	cogumelos	alface
tomate	aipo	

Zinco e manganês. O zinco é importante, em conjunto com as vitaminas A e C, para o controle da acne. Zinco e cobre competem entre si na realização de algumas reações metabólicas, sendo que o primeiro pode suplantar o segundo no nosso corpo. Um suprimento dietético adequado de zinco é importante, porque uma quantidade excessiva de cobre pode aumentar os problemas do humor bem como os níveis de estrogênio. Grande parte do solo arável da Terra não possui zinco, o que dificulta a inclusão desse elemento na nossa dieta.

O já citado estudo de 1993 do *American Journal of Obstetrics and Gynecology* também examinou o papel do manganês no alívio dos sintomas de TPM, constatando que uma menor ingestão de manganês piora a tendência para os sintomas de dor e humores associados à TPM.

Algumas fontes alimentícias de zinco (na ordem, começando pela melhor)

Ingestão diária recomendada para o adulto: 15 miligramas
Necessidades terapêuticas para a TPM: 15 a 25 miligramas

farinha de soja	fubá	proteína de soja
farelo de trigo	grão-de-bico	maçã
germe de trigo	lentilha	milho
frango	feijão-de-lima	repolho
farelo de arroz	farinha de soja	cebola
caupi	trigo-sarraceno	pão de trigo integral
farinha de trigo integral	farinha de aveia	manteiga de amendoim
grãos de trigo	arroz integral	cenoura
ervilha verde	painço	pão de centeio

Suplementos vitamínicos e sais minerais para mulheres com TPM

Enquanto bons hábitos dietéticos são essenciais para o controle da TPM, o uso de um suplemento nutricional é importante para otimizar o alívio dos sintomas. Com base no exame de quarenta anos de pesquisas médicas nesse campo, e também na minha própria experiência clínica, formulei um suplemento vitamínico e mineral. Descobri que esse suplemento é muito útil para as minhas pacientes. Minhas fórmulas estão disponíveis em lojas, farmácias e supermercados [dos Estados Unidos] e inclui uma gama de dosagens que lhe darão flexibilidade quando você estiver estabelecendo seu próprio programa.

Ervas que ajudam na TPM

As ervas, um tratamento tradicional para doenças há milhares de anos, não foram originalmente testadas por métodos modernos, mas sim empiricamente, à medida que as pessoas as provavam e observavam seus efeitos. O corpo de conhecimentos adquirido desse modo ainda está disponível para nós hoje em dia e muitas das minhas pacientes preferem remédios à base de plantas do que as drogas oferecidas pela farmacologia moderna.

As ervas podem ser vistas como uma forma ampliada de nutrição. Por serem de origem vegetal, elas podem fazer parte da nossa dieta regular quando usadas em pequenas quantidades. Elas ajudam a equilibrar a química do corpo e corrigem sintomas de doenças devidas a fatores nutricionais. Por exemplo, os sintomas de resfriado podem ocorrer quando a pessoa come um excesso de alimentos altamente estressantes. Ervas medicinais como a bardana e o kudzu, associadas a uma dieta leve de vegetais e cereais integrais, ajudam a corrigir o desequilíbrio e aliviam os sintomas de resfriado. Se você estiver estressada e ansiosa, ervas como a valeriana e a camomila podem ajudá-la a estabilizar os humores, porque elas acalmam e tranqüilizam o sistema nervoso central; também ajudam a aliviar a insônia associada à TPM. Ervas que têm sido tradicionalmente utilizadas para aliviar os problemas hormonais da mulher incluem: erva-de-são-cristóvão, alcaçuz, cardo-santo, damania, salsaparrilha, folhas de framboeseira vermelha, inhame silvestre e gotu kola. Durante décadas os herboristas observaram que essas ervas têm efeitos similares aos dos hormônios femininos.

Utilizo ervas na minha prática médica como meio de equilibrar a dieta e otimizar a ingestão nutricional. Por exemplo, a medicina oriental vê a acne como o resultado de uma dieta predominantemente yin (ou expansiva), com altos teores de açúcar e gorduras. Esse problema pode ser corrigido equilibrando-se a dieta com ervas como a raiz do dente-de-leão ou da bardana, que são amargas e possuem um teor mineral altamente concentrado. Já as cólicas menstruais são consideradas como resultado de um excesso de alimentos yang, como carne e sal. Esses são alimentos que produzem um efeito contrativo no corpo. Em algumas mulheres esse problema pode ser neutralizado se ela mascar uma raiz yin como a do gengibre, que causa dilatação dos vasos sangüíneos e relaxamento.

Algumas ervas contêm altas concentrações de nutrientes como cálcio, magnésio e potássio, que as pesquisas médicas ocidentais descobriram ser importantes para controlar vários sintomas de TPM. Boas fontes desses sais minerais incluem o dente-de-leão, a folha da framboeseira, salsa, algas e alfafa.

Desenvolvi três fórmulas de ervas para ajudar as mulheres que sofrem de TPM. Essas fórmulas podem ser usadas por quem sofre de qualquer um dos seguintes sintomas: oscilações do humor, irritabilidade, ansiedade, compulsão por açúcar, tremores, inchaço, seios doloridos e ganho de peso. A Fórmula de Ervas I está disponível em entrepostos de alimentos naturais e farmácias [nos Estados Unidos]. A Fórmula de Ervas II ajuda a normalizar o ciclo menstrual e aliviar as dores menstruais. A Fórmula de Ervas III pode ser usada por mulheres com acne e pele oleosa. Ela contém dente-de-leão, alfafa e raiz de bardana. Você também poderá preparar as Fórmulas de Ervas I, II e III em sua própria casa, comprando as ervas e combinando-as. Outras ervas úteis para sintomas específicos associados à TPM incluem: raiz de valeriana, flores secas de lúpulo e maracujá, para a insônia causada pela TPM; raiz de gengibre para a fadiga e lassidão ligadas à TPM; chá de uva-ursina e salsa, para o inchaço.

Fórmula de Ervas I

Raiz de bardana
Raiz de gengibre
Salsaparrilha

Fórmula de Ervas II

Vitex
Crampbark

Fórmula de Ervas III

Dente-de-leão
Alfafa
Raíz de bardana

As ervas devem ser usadas em pequenas quantidades e ingeridas com as refeições, seja em forma de cápsulas ou de chás. Se você preferir tomar chá, simplesmente esvazie a cápsula numa xícara de água fervente e deixe impregnar por alguns minutos. Não beba mais de uma ou duas xícaras de chá por dia. Há algumas contra-indicações ao uso das ervas. Elas não devem ser utilizadas se você estiver tomando um hormônio prescrito por seu médico.

Todos os alimentos têm o potencial de causar perturbações em algumas pessoas. As ervas não constituem exceção. Você deve interromper seu uso imediatamente se perceber náuseas, vômitos ou diarréia quando as toma. Esses são os sintomas de intolerância mais comuns. Todas as ervas das minhas fórmulas são recomendadas como seguras para consumo humano, mas algumas mulheres parecem ter uma intolerância específica a vários alimentos, incluindo as ervas. Se você observar quaisquer sintomas desconfortáveis após usar as ervas, interrompa seu uso imediatamente.

Ácidos graxos essenciais na TPM

Os ácidos graxos essenciais são importantes nutrientes para as mulheres com TPM. Eles consistem em dois tipos de gorduras especiais, chamadas ácido linoléico (da série Ômega 6) e ácido linolênico (da série Ômega 3). Essas gorduras precisam ser incluídas na sua dieta diária, seja a partir de alimentos ou de suplementos nutricionais. Os ácidos graxos essenciais são encontrados na estrutura membranosa de todas as células. Eles são necessários para o desenvolvimento e funcionamento normais do cérebro, dos olhos, do ouvido interno, das glândulas supra-renais e do aparelho reprodutor. Os óleos essenciais são necessários para sintetizar as prostaglandinas I e III. Essas substâncias químicas, semelhantes aos hormônios, ajudam a reduzir o risco de doença cardíaca, ajudam a função imunológica, diminuem as cólicas menstruais e reduzem os sintomas de TPM.

O óleo essencial mais importante para o tratamento da TPM é o óleo de prímula (*Oenothera biennis*), da série Ômega 6. Estudos clínicos mostraram uma redução de até 65% nos sintomas de TPM, particularmente retenção de líquidos, seios doloridos e oscilações do humor. O óleo de prímula contém ácido gama-linolênico (GLA) e ácido graxo essencial, que é um precursor da prostaglandina tipo I. Outras boas (e menos dispendiosas) fontes de GLA incluem o óleo de borragem (*Borago officinalis*) e o óleo de groselheira-negra (*Ribes nigrum, L*). O óleo de linhaça e o óleo de semente de abóbora contêm ácidos graxos da série Ômega 3, que são precursores da síntese das prostaglandinas série III. Inclua também esses óleos na sua dieta. A vitamina B_6 e o magnésio, bem como vários outros nutrientes, são necessários para converter o ácido linoléico em GLA no processo de produção das prostaglandinas benéficas. Por isso esses nutrientes devem também ser incluídos no seu programa contra a TPM.

O óleo de prímula, o óleo de borragem e o óleo de groselheira-negra são ingeridos em cápsulas, enquanto o óleo de linhaça e o óleo de semente de abóbora também são deliciosos na culinária. Um benefício adicional é que as sementes (e o óleo) de linhaça e abóbora são as melhores fontes dos dois ácidos graxos essenciais (linoléico e linolênico). Tanto as sementes quanto o óleo delas extraído por pressão se tornam rançosos quando expostos à luz e ao ar. Eles devem ser guardados em recipientes opacos e conservados na geladeira. Um óleo de linhaça de boa qualidade pode ser encontrado nos entrepostos de alimentos naturais.

O óleo de linhaça é dourado, rico, delicioso e contém um teor extremamente alto de ácido linoléico e linolênico (compreendendo cerca de 80% de seu teor total). O óleo de linhaça tem um sabor extraordinário e pode ser usado para substituir a manteiga. O óleo de linhaça (e todos os outros óleos essenciais) nunca devem ser aquecidos ou usados para cozinhar, pois isso altera suas propriedades químicas. Adicione esses óleos aos alimentos já cozidos, como tempero. O óleo de semente de abóbora é verde-escuro e picante. Ele é mais difícil de encontrar que o óleo de linhaça, mas ambos estão disponíveis nos bons entrepostos de alimentos naturais e devem estar resfriados porque são altamente perecíveis. Os óleos de linhaça e de semente de abóbora também podem ser usados na forma de cápsulas.

O ácido linolênico (da série Ômega 3) também é encontrado em abundância nos óleos de peixe. A melhor fonte são os peixes de águas frias e com alto teor de gordura, como o salmão, o atum, a truta arco-íris, a cavalinha e a enguia. O ácido linoléico (da série Ômega 6) é encontrado nas sementes e óleos extraídos de sementes. Boas fontes desse ácido incluem: canola, girassol, milho, semente de gergelim e óleo de germe de trigo. Muitas mulheres preferem usar as sementes cruas do gergelim e girassol e o germe de trigo para obter os óleos. O adulto saudável médio requer quatro colheres de chá por dia de óleos essenciais em sua dieta. Para um melhor resultado, use esses óleos juntamente com vitamina E, que também ajuda a prevenir a rancidez dos óleos no corpo.

Uma excelente combinação de ácidos graxos essenciais para mulheres com TPM inclui uma combinação de óleo de linhaça, óleo de borragem e vitamina E (para prevenir a rancidez). Você pode fazer essa combinação facilmente, comprando os óleos essenciais nos entrepostos de alimentos naturais da sua cidade.

A melhor suplementação nutricional para a TPM

Vitaminas		*Sais Minerais*	
Beta-caroteno	5.000-50.000 U.I.	Cálcio (quelato	
Vitamina A	3.500-10.000 U.I.	aminoácido)	400-1.000 mg
Vitamina B$_1$		Magnésio	400-1.000 mg
(tiamina)	25-100 mg	Iodo	150 mcg
Vitamina B$_2$	25-100 mg	Ferro (quelato	
Niacinamida	25-100 mg	aminoácido)	15 mg
Ácido pantotênico	25-100 mg	Cobre	0,5-2 mg
Vitamina B$_6$		Zinco	15-25 mg
(piridoxina HCl)	50-300 mg	Manganês	10-20 mg
Ácido fólico	200-400 mcg	Potássio	50-100 mg
Biotina	30-200 mcg	Selênio	25-200 mcg
Vitamina B$_{12}$	50-250 mcg	Cromo	100-200 mcg
Colina bitartrate	25-100 mg	Bioflavonóides	
Inositol	25-100 mg	cítricos	200-1.500 mg
Ácido paramino-		Molibdênio	25 mcg
benzóico (PABA)	25-100 mg	Óleo de borragem	1.000-2.000 mg
Vitamina C	500-2.000 mg		
Vitamina D			
(colecalciferol)	100-400 U.I.		
Vitamina E	400-1.000 U.I.		

CAPÍTULO 7
Os princípios da Dieta da Mulher

Sua dieta deve proporcionar-lhe a maior variedade possível

Alterne seus alimentos. Essa alternância minimiza os sintomas de alergia alimentar, que podem piorar antes do seu período menstrual. E também assegura que você estará ingerindo uma gama mais ampla de nutrientes. Muitas mulheres adquirem o costume de comer sempre os mesmos alimentos, dia após dia. Por força do hábito e por conveniência pessoal, elas vão sempre às mesmas prateleiras do supermercado. Elas sentem uma espécie de segurança na familiaridade e se prendem às fórmulas já testadas, mesmo que estas se mostrem prejudiciais à sua saúde a longo prazo. Além disso, leva tempo aprender novos métodos de cozinhar. Neste capítulo, bem como no Capítulo 9, oferecerei algumas instruções muito simples e alguns "atalhos" para o preparo dos alimentos, que ajudarão você a superar o medo inicial de testar uma maior variedade de alimentos.

Os alimentos devem ser simples e de fácil preparo

Hoje em dia, as mulheres vivem uma vida muito complexa. Muitas delas têm a responsabilidade de administrar a casa e manter um emprego de tempo integral. Isso lhes deixa pouco tempo para planejar e preparar as refeições. Não causa surpresa que muitas mulheres dêem preferência aos alimentos já prontos para consumo. Felizmente, os alimentos nutritivos podem ser tão convenientes quanto aqueles menos nutritivos. Ao longo dos anos, minhas pacientes e eu fomos descobrindo muitos atalhos para o preparo de alimentos de alta qualidade. Muitas delas têm usado vantajosamente esses atalhos e conseguem preparar uma refeição completa em 15-20 minutos. Esses atalhos são apresentados nos Capítulos 9 e 11, para que também você possa utilizá-los.

As mudanças na nutrição devem ser prazerosas

As sugestões deste livro lhe oferecem a oportunidade de provar novos tipos de alimentos e testar novas receitas. Ao provar novos alimentos, imagine que você está indo a um restaurante novo — faça-o com animação. Muitas mulheres consideram qualquer mudança na dieta como uma punição e acham que poderão voltar aos velhos hábitos alimentares tão logo melhorem seus sintomas de TPM. Mas, para começo de conversa, foram exatamente esses velhos hábitos que causaram a TPM; o melhor mesmo é deixá-los para trás.

Para desfrutar ao máximo o prazer da sua nova dieta, enfatize a estética das refeições. Uma bela toalha de mesa, velas, pratos e talheres atraentes podem enfeitar até a comida mais simples. Dê destaque à cor e à textura de cada alimento usando pratinhos laterais para servi-los. Tente servir alimentos com cores complementares. Com isso, você estará ampliando sua escolha de nutrientes e também aumentando o atrativo visual. (Por exemplo, vegetais vermelhos e amarelos são ricos em vitamina A, enquanto vegetais verdes são mais ricos em vitamina C.) Essa atenção à estética das refeições aumentará sua gratificação emocional e sua sensação de bem-estar.

As refeições ainda podem representar uma reunião familiar

Alimentar-se para aliviar a TPM não significa que você precisa se sentar num canto e comer sozinha. As sugestões nutricionais feitas neste livro podem ser usadas beneficamente por todos os membros da sua família e pelos seus amigos. A maioria das minhas pacientes descobre que seus familiares gostam de compartilhar os novos alimentos, além de se sentirem mais saudáveis. Quase todos os pratos são facilmente adaptados ao gosto individual de cada pessoa. Se seus filhos insistirem que a vida é monótona sem hambúrgueres ou cheeseburgueres, acrescente queijo e hambúrguer e sirva para eles ao lado de um prato de forno. Ou faça seu próprio prato sem aquele rico molho apreciado pelo resto da sua família. Ou acrescente mais vegetais.

Mastigue muito bem os alimentos

Mastigar bem os alimentos é de suma importância durante a fase de cura da TPM, quando você está tentando livrar seu corpo de todo o *stress* significativo. O primeiro estágio da digestão ocorre na boca. Comer devagar e mastigando bem permite que o alimento seja decomposto antes de chegar ao estômago. Comer depressa exige um esforço excessivo do seu sistema digestivo. E também faz você comer mais, porque só nos sentimos saciados depois de comer durante vinte minutos. Isso pode ser um problema específico se o ganho de peso ou o inchaço estiverem entre os seus sintomas.

Comer alimentos muito estressantes como carne, laticínios e produtos açucarados pode causar fadiga ou uma sensação de peso. O cansaço de que se queixam muitas mulheres com TPM é exacerbado por esses alimentos, porque muita energia está envolvida no processo digestivo.

Faça refeições mais pesadas durante o dia e refeições mais leves ao anoitecer

Digerir o alimento durante o sono representa uma pesada carga metabólica para todo o nosso organismo. É durante a noite que nosso corpo se restaura. Nesse período de descanso, não é saudável exigirmos que nosso corpo continue a trabalhar.

As mudanças podem ser feitas lentamente

Descobri, na minha prática médica, que uma pessoa leva de um mês a dois anos para mudar seus hábitos dietéticos, de modo a fazer essas mudanças acontecerem de maneira confortável e prazerosa (e não só saudável). Não é realístico esperar que você, por ter TPM, jogue fora todos os alimentos altamente estressantes que estão na sua despensa.

Consulte mais uma vez a lista de alimentos que pioram a TPM, no Capítulo 5. Escolha um ou dois deles, os que você está pronta a abandonar de imediato. Depois consulte a lista de alimentos substitutos. Por exemplo, se você costuma tomar seis xícaras de café por dia e começa sua manhã com suco de laranja, uma decisão possível seria passar para um substituto do café, como *Pero*, e trocar o suco de laranja por uma fatia de maçã. Passa-se um mês, digamos, até você querer fazer novas alterações. Quando se sentir bem com essas mudanças, volte à lista de alimentos a ser limitados. Talvez agora você esteja pronta para reduzir a ingestão de laticínios. É possível que você possa eliminar a fatia de queijo no seu sanduíche do meio-dia. Em vez de iogurte, escolher, por exemplo, um prato de sopa.

A cada poucas semanas, volte à lista dos alimentos a serem limitados e dos alimentos a serem enfatizados. Selecione alguns poucos alimentos a serem eliminados e alguns poucos a serem acrescidos à sua dieta. Lembre-se de que *mesmo as mudanças mais modestas na dieta podem trazer um alívio significativo da sua TPM*. Por outro lado, algumas pessoas acham mais fácil fazer mudanças na dieta abandonando abruptamente alguns alimentos, e isso também pode ser adequado. O importante é descobrir o método que funciona com você.

CAPÍTULO 8
Como vencer os problemas alimentares mais comuns da mulher

Vícios alimentares como a compulsão por açúcar, a dependência da cafeína e as "orgias" podem não parecer tão sérios quando comparados com outros vícios socialmente mais condenáveis, mas eles causam muitos problemas na vida da mulher e são difíceis de ser superados. Mas eles podem ser vencidos, como eu e minhas pacientes descobrimos.

Como cortar a compulsão por açúcar

Quebrar o ciclo do vício do açúcar não é fácil. Esse é um problema particularmente crucial para as mulheres que têm empregos ou atividades intelectualmente exigentes (por exemplo, ler ou escrever). O cérebro é o principal usuário do açúcar disponível no sangue: depois de uma atividade mental intensa, o nível de açúcar no sangue cai e o cérebro sinaliza pedindo mais glicose. Durante o período pré-menstrual, a necessidade de açúcar se torna ainda mais forte.

A maioria das mulheres responde à necessidade de açúcar buscando fontes rápidas de energias como sucos de frutas, chocolate, doces, bolos ou biscoitos — qualquer coisa doce que encontrar em casa. Isso funciona a curto prazo; mas a longo prazo, produz um padrão imprevisível, semelhante a uma montanha-russa, no qual o pâncreas, o fígado e as supra-renais ficam lançando o nível de açúcar no sangue para cima e para baixo.

É preferível comer carboidratos complexos de metabolização mais lenta, como cereais, leguminosas e hortaliças. Esses alimentos têm uma estrutura complexa que é decomposta mais lentamente no processo digestivo. Isso faz o nível de açúcar no sangue subir lentamente, chegar lentamente ao auge e depois cair lentamente, estabilizando o humor e os anseios da mulher, bem como sua energia.

Para a maioria das mulheres é suficiente comer esses carboidratos complexos durante as refeições, mas algumas delas precisam comê-los em lanches entre as refeições para manter estáveis os níveis de açúcar no sangue. O pão integral com manteiga de gergelim é um lanche particularmente bom para esse problema.

Se a compulsão por açúcar fugir do controle e você perceber que está comendo um doce atrás do outro, use o método macrobiótico de deter compulsões: coma um alimento suavemente salgado (missô ou 1/4 de colher de chá de sal marinho em meia xícara de água, por exemplo), um alimento amargo (como bardana ou raiz de dente-de-leão) ou em conserva (como a ameixa umeboshi). Esses alimentos devem cortar a compulsão por açúcar imediatamente.

Como vencer o vício da cafeína

Se você toma três, quatro ou mais xícaras de café por dia, provavelmente não conseguirá abandonar esse hábito abruptamente por causa da dor de cabeça causada pela abstinência da cafeína. É melhor ir cortando meia xícara, mais ou menos, por dia. Você pode substituir o café ou o chá por outra bebida quente, como chá de ervas ou alguma bebida à base de cereais torrados que tenha o mesmo sabor do café. Se tomar chá de ervas, lembre-se de observar a variedade, porque muitas das ervas contêm substâncias fortes, que podem trazer efeitos desagradáveis se ingeridas em excesso.

Para muitas pessoas, a cafeína, como a nicotina, é a "droga" do trabalho. Se você depende da cafeína para conseguir trabalhar direito, tente praticar meditação, repetir afirmações, ou fazer exercícios. (Veja os capítulos sobre *stress* e exercício.)

Se você depende do café para acordar e se conservar alerta, substitua-o por chá de gengibre: coloque duas colheres de sopa de raiz de gengibre ralada em um litro de água. Ferva por cinco minutos e deixe macerando por 15 minutos. Esse chá pode ser conservado na geladeira e reaquecido.

Como combater o vício do chocolate

O vício do chocolate é basicamente um vício de açúcar, complicado pelo fato de que o chocolate é um alimento complexo, que contém — além do açúcar — gorduras, cafeína, um alcalóide que eleva o humor (a teobromina) e um mineral que estabiliza o humor (o magnésio). Para combater um sério vício de chocolate, corte-o com certa rapidez, substituindo o chocolate por carboidratos complexos e suplementando o magnésio em sua dieta com alimentos ricos em magnésio (ver página 79) e um suplemento vitamínico (ver página 80). Se você desejar um suporte emocional, tente o chá de gengibre (você pode tomar até várias xícaras por dia). O forte hábito pré-menstrual de comer chocolate compulsivamente pode ser controlado com os alimentos sugeridos para cortar a compulsão por açúcar (alimentos suavemente salgados, manteiga e picles).

Como manter sob controle as "orgias" alimentares

As mulheres com problemas de controle de peso correm maior risco de TPM. Examinando os hábitos dietéticos de mulheres com TPM, descobri que muitas delas comem ou fazem orgias alimentares em horários irregulares, particularmente tarde da noite. Há muitas maneiras de neutralizar o hábito do comer compulsivo. Um dos mais comuns — e bem-sucedidos — métodos usados pelos centros de controle da dieta é oferecer às mulheres refeições balanceadas, seja na forma de suplementos em pó ou como refeições congeladas. É por isso que tantas mulheres são bem-sucedidas nesses programas. Você pode organizar esse mesmo tipo de sistema de apoio em sua própria casa, planejando antecipadamente as refeições para cada dia. Decida, na verdade, o que você irá comer. Você pode até preparar as refeições e os lanches na noite anterior. Corte cenouras e aipo, e os embale para levar ao trabalho no dia seguinte. Coloque sopa numa embalagem térmica. Se você sente compulsão por doces antes da menstruação, leve um pedaço de alfarroba sem açúcar, um biscoito de frutas ou um suco de maçã, em vez de açúcar. Se planeja com antecedência colocar um doce em sua mesa de trabalho, você eliminará aquele impulso de correr até a cantina para comprar doces no meio da tarde. Mastigue seu alimento muito bem, lentamente. As mulheres que fazem orgias alimentares tendem a engolir o alimento quase inteiro, sem mastigá-lo bem. Esse mau hábito impõe uma tensão adicional ao sistema digestivo, o qual precisa trabalhar muito mais para decompor e assimilar o alimento. Não faça a principal refeição à noite, pois seu corpo não processa eficientemente o alimento enquanto dorme e assim você tenderá a ganhar peso. Faça sua refeição principal ao meio-dia e depois um jantar leve à noite. Para ter em mente suas metas, conserve um calendário na cozinha e desenhe uma estrelinha nos dias que atingiu seus objetivos e um X nos dias em que "trapaceou". Grave sua voz repetindo afirmações do tipo "Eu vou comer somente na hora das refeições. Eu sinto que não preciso comer compulsivamente. Eu gosto da beleza e elegância da minha silhueta." Todos esses métodos ajudarão você a programar sua mente e sua química corporal em direção ao sucesso.

Como reduzir a fadiga e aumentar o vigor

Entre as queixas de muitas mulheres com TPM está a sensação de atordoamento, cansaço e letargia. Os estimulantes típicos, como cafeína, chá ou doces, só pioram o problema, mas há algumas ervas que ajudam a aumentar o vigor e a energia no longo prazo. Descobri que as ervas listadas a seguir são extremamente úteis para a fadiga associada à TPM.

Chá de raiz de gengibre. Uma das melhores ervas para a fadiga causada pela TPM é a raiz de gengibre. Quando ralada num bule de água e preparada como chá, ela é uma grande construtora de energia. Muitas das minhas pacientes a têm usado com resultados extraordinários, como estimulante matinal. Na verdade, para as mulheres com TPM que dependem de café, chá preto ou bebidas à base de cola para "se mexerem" de manhã e permanecerem produtivas ao longo do dia, o chá de gengibre oferece um benefício real. Ele proporciona os benefícios das outras bebidas estimulantes, sem nenhum dos seus inconvenientes. (O café, o chá e as bebidas à base de cola pioram a ansiedade, irritabilidade e insônia ligadas à TPM.) A medicina oriental utiliza o gengibre como importante agente de cura e de fortalecimento para o corpo.

Pimenta vermelha (Cayenne, Capsicum). A pimenta vermelha comprida é outro excelente energizador para as mulheres com TPM. Ela pode ser usada na forma de cápsulas, como tintura líquida ou salpicada levemente sobre o alimento. Essa pimenta é vasodilatadora e boa para a circulação. Possui uma qualidade estimulante e é um excelente remédio para tratar problemas pulmonares como a bronquite. Tal como o gengibre, desempenha um papel importante na medicina oriental e é vista como possuindo importantes propriedades de cura. Você precisa ter cuidado quando usar a pimenta, porque ela é *picante* e pode causar uma sensação de queimação na boca e no aparelho intestinal se for usada em doses excessivas. Eu recomendo que as mulheres que optam por usar essa pimenta comecem com uma ou duas cápsulas (aumentando lentamente para quatro cápsulas) várias vezes por dia, se necessário. Para minimizar a sensação de queimação, essa pimenta só deve ser ingerida com as refeições.

Chá de raiz de bardana. A raiz de bardana é altamente fortalecedora para as mulheres com TPM. Embora não seja fácil encontrar a raiz de bardana fresca, ela vale todo o esforço. Beba uma xícara desse chá por dia, pelo menos nas últimas uma ou duas semanas do seu ciclo menstrual.

Chá de raiz de dente-de-leão. O chá de raiz de dente-de-leão é outro chá fortalecedor que pode ser encontrado nos entrepostos de alimentos naturais ou encomendado pelo correio.

Chá de ameixa umeboshi. O chá de ameixa umeboshi é um tradicional chá japonês que ajuda na digestão e restaura as energias.

Biosalt. O *Biosalt* [bio-sal] é usado pela dra. Hazel Parcell, médica especializada em bioquímica nutricional, para ajudar a combater a fadiga. Trata-se de uma mistura de potássio e sódio que, segundo as descobertas da dra. Parcell, ajuda a estabilizar o nível de açúcar no sangue, elevar o funcionamento das supra-renais e aumentar a energia. É delicioso quando salpicado sobre o alimento. Se você estiver especialmente cansada, a dra. Parcell sugere misturar 1/4 de colher de chá de *Biosalt* em 170 gramas de água, bebendo-a em pequenos goles duas vezes por dia. O *Biosalt* pode ser encomendado pelo correio.

Lembre-se de que comer não é a única maneira de você aumentar sua energia e melhorar seu vigor. Eis aqui alguns outros bons métodos que você talvez queira tentar:

Banho de vinagre. Acrescentar vinagre de maçã à água do banho pode melhorar a circulação superficial e fazer você se sentir mais alerta. Acrescente 500 ml de vinagre de maçã a uma banheira com água quente. Fique imersa por dez minutos. Não use sabonete. (Sua pele talvez fique um pouco avermelhada e pode ser que você perceba um leve e temporário intumescimento dos tecidos faciais.) Depois do banho, fique alguns segundos sob um chuveiro frio.

Massagem a seco com escova. Escovar a pele do corpo, do pescoço para baixo, num movimento circular, com uma escova seca é outra maneira eficaz de melhorar a circulação superficial e reduzir a fadiga. Essa massagem deve ser seguida por um banho morno. As escovas para massagem a seco podem ser adquiridas em muitos entrepostos de alimentos naturais.

Respiração abdominal profunda. Muitas pessoas respiram superficialmente quando estão sob *stress* e não percebem que, com isso, estão reduzindo seus níveis de energia. A respiração abdominal profunda é uma maneira muito importante de combater a fadiga, porque ela melhora o fluxo de sangue e a oxigenação do cérebro. (Veja o método adequado de praticar a respiração abdominal profunda no capítulo sobre redução do *stress.*)

Como combater o ganho de peso periódico

Se você aumenta de peso devido à retenção de líquidos (a causa mais comum desse problema nas mulheres com TPM), há várias soluções que podem ser úteis. Use um chá diurético suave, como os de uva-ursina e de salsa. Coma alimentos que tenham alto teor de potássio e efeitos diuréticos, como pepino, melão e banana. Elimine o sal de sua dieta, pois o sal piora consideravelmente a retenção de líquidos e o inchaço. Jogue fora o saleiro e coma o máximo possível de frutas e vegetais frescos. Evite alimentos processados, como *ketchup*, mostarda e molhos de salada que contenham muito sal. Leia sempre, com toda atenção, os rótulos de todos os alimentos processados, para se assegurar de que eles contêm pouco ou nenhum sal adicionado (menos de 50 mg por porção). Também evite alimentos fritos e gordurosos. Descobri que esses alimentos pioram o inchaço.

As mulheres com tendências alérgicas devem ter o cuidado especial de evitar trigo e laticínios, que podem piorar o inchaço e o ganho de peso.

Certifique-se também de que seus intestinos funcionam adequadamente, de modo que você não reabsorva fluidos e resíduos que deveriam ser eliminados do seu corpo. Essa reabsorção provoca maior ganho de peso. As mulheres que têm problemas de constipação (prisão de ventre crônica) deveriam incluir farelos em sua dieta. Bastam uma a oito colheres de sopa por dia. O farelo pode ser misturado à sopa ou à água, ou ser assado como bolinhos.

CAPÍTULO 9

A maneira fácil de preparar a Dieta da Mulher

Preparar os alimentos da Dieta da Mulher não é difícil. Algumas pequenas mudanças nos seus utensílios e métodos de cozinhar tornarão essa tarefa ainda mais simples. Temos a seguir um resumo dos métodos que minhas pacientes e eu desenvolvemos para facilitar nossa vida.

Sua cozinha

Os seguintes utensílios de cozinha são recomendados para as mulheres com TPM:

Escorredor

O escorredor torna mais fácil lavar frutas e vegetais, além de deixar escorrer a água de alimentos como macarrão, tofu e pertences de salada. É um item barato e muito útil.

Processador de alimentos

As tarefas de moer, ralar, cortar e fatiar levam uns poucos segundos com um processador de alimentos.

Liquidificador

O liquidificador é útil para fazer purês de frutas e vegetais, preparar molhos e misturar massas moles para pães ou biscoitos. É mais barato que o processador de alimentos e pode se tornar o utensílio básico da sua cozinha.

Panelas e caldeirões de aço inoxidável, ágate ou ferro

Evite panelas de alumínio, porque esse metal é tóxico e partículas dele podem penetrar nos seus alimentos. Evite chaleiras, frigideiras e outros utensílios de cobre. O cobre (como dissemos no Capítulo 6) compete com o zinco, que é necessário para combater a acne, na realização de algumas reações metabólicas. Altos níveis de cobre no corpo acentuam o efeito do estrogênio e podem causar mudanças de humor. O mais provável é que a mulher que sofre de TPM já tenha esse problema. E ela não deve permitir que o problema seja agravado por seus utensílios de cozinha, que sempre devem ser de aço inoxidável, ágate ou ferro.

Cesta de aço inoxidável para cozinhar no vapor

Cozinhar no vapor é uma das melhores maneiras de preservar o valor nutritivo dos seus vegetais e carnes, porque as vitaminas e os sais minerais são retidos no processo de cozimento. Há vários tipos de utensílios para cozinhar no vapor, mas o mais barato é a cesta de aço inoxidável. Também há no mercado panelas elétricas automáticas para cozimento em vapor nas quais pode ser cozida uma grande variedade de alimentos, incluindo cereais.

Frigideira de fundo convexo

Uma frigideira de fundo convexo [chamada *wok*, bastante usada na cozinha chinesa] é muito útil para preparar refeições de um só prato. Cereais, vegetais cortados em cubos e carnes podem ser fritos ao mesmo tempo em um líquido, mexendo-se sempre e durante poucos minutos. Uma refeição completa — completa do ponto de vista de seu conteúdo nutricional — pode ser preparada em menos de dez minutos.

Métodos de cozinhar

Cozinhar no vapor

O alimento a ser cozido no vapor é colocado na cesta sobre água fervente. O alimento é então cozido pelo vapor e não toca diretamente a água fervente. Depois que a água ferveu por alguns segundos, abaixe o fogo e tampe a panela para conservar o vapor. Os alimentos cozidos no vapor tendem a ter uma textura e um sabor bem mais agradáveis que o alimento cozido em água fervente. Cozinhar no vapor não leva mais tempo do que preparar vegetais congelados ou aquecer um prato pronto.

Fritar à moda chinesa, mas sem óleo

Esse método pode substituir a fritura em muitos pratos e assim eliminar grande quantidade de gordura. Em vez de óleo quente, use caldos de carne, molho de soja ou água. Fique mexendo e revirando sempre os alimentos no líquido quente. Os alimentos cozinharão com rapidez e conservarão seus sucos. Muitos vegetais contêm açúcar natural suficiente para, com esse método, dourar naturalmente os alimentos.

Assar aves

As aves devem ser assadas numa grelha, espeto ou outro suporte que permita que a gordura escorra.

Ao aparar e cortar a carne

Toda a gordura extra deve ser aparada das carnes. Nas aves, deve-se remover a pele e a gordura.

Assar massas

É preferível assar as massas em temperaturas baixas a moderadas (de 160 a 190 °C). O cozimento lento preserva mais nutrientes e mais umidade, proporcionando melhor textura e sabor.

Dicas para cozinhar e armazenar

Você pode economizar um bocado de tempo ao dividir suas tarefas em etapas. Eis aqui alguns métodos que minhas pacientes e eu desenvolvemos.

- Prepare o suficiente para diversas refeições de uma só vez. Por exemplo, prepare duas sopas e um ensopado no fim de semana. Eles podem ser congelados ou refrigerados, em embalagens do tamanho de uma refeição, sem perder seu valor nutritivo.
- Muitas mulheres evitam preparar feijões secos porque eles levam horas para ferver e amolecer. Isso pode ser frustrante se você estiver com pressa. Eis aqui um método para acelerar o tempo de cozimento:

Leve a água para ferver (três xícaras de água para cada xícara de feijão). Coloque o feijão na água fervente e deixe cozinhar por dois minutos. Tire do fogo, tampe parcialmente a panela e deixe o feijão repousar por uma hora. Cuide de seu trabalho ou de outros afazeres enquanto o feijão cozinha por si mesmo. Passada uma hora, escorra o feijão, enxágue com água fria e então congele.

Quando quiser usar o feijão para uma refeição, descongele-o rapidamente sob água corrente. Numa panela, ferva cinco xícaras de água para cada xícara de feijão. Acrescente o feijão. Baixe o fogo e cozinhe por 30 a 50 minutos. O feijão estará pronto para servir.

- O arroz integral ou outros cereais integrais podem ser preparados em grandes quantidades. Os cereais se conservam na geladeira por vários dias, num frasco de vidro ou recipiente plástico. Eles podem ser reaquecidos e usados conforme necessário. A melhor maneira de reaquecer o arroz é colocá-lo em banho-maria ou numa cesta para cozinhar no vapor, deixando esquentar por três a cinco minutos.
- O pão congela muito bem e pode ser conservado indefinidamente. Você poderá retirar algumas fatias do pacote e deixá-las descongelar gradualmente. Elas também podem ser colocadas numa torradeira ou sobre uma chapa, aquecendo-se em poucos segundos. Certifique-se de que o pão é armazenado numa embalagem plástica, sem nenhum ar em seu interior.
- Cereais matinais quentes podem ser preparados de véspera. Primeiro, preaqueça uma garrafa térmica enchendo-a de água fervente. Jogue fora a água. Coloque então 3/4 de xícara do cereal e 1 1/4 xícaras de água fervente na gar-

rafa térmica. Tampe a garrafa, sacuda-a um pouco e deixe descansar. O cereal estará pronto para ser consumido na manhã seguinte.

- Hortaliças de folhas verdes e outros pertences de salada devem ser limpos e lavados imediatamente após a compra. Devem ser imediatamente armazenados em sacos plásticos e guardados na geladeira. Isso não só os conservará mais frescos, como também lhe poupará trabalho quando você for cozinhar.
- Caldos de vegetais e de aves podem ser mantidos no congelador indefinidamente. Congele-os em pequenas quantidades, para não precisar descongelar toda uma panela de sopa quando for preparar uma refeição, e depois congelar novamente. Uma sugestão é congelar esses caldos nas bandejas de gelo.
- Pratos combinados, tais como uma sopa ou um refogado à moda chinesa sem óleo, podem constituir uma refeição completa e são de fácil preparo. Uma sugestão para fritada à moda chinesa sem óleo é arroz integral (pré-cozido) ao qual se acrescenta vegetais cortados em cubos, como cebola, cenoura ou vagem, e carne de frango ou camarão; todos esses ingredientes são fritos juntos numa frigideira com um pouco de molho de soja, caldo de carne ou água. As sopas podem ser estocadas no congelador e aquecidas rapidamente. Como guarnição, acrescente *croutons*, salsa e soja torrada. Você pode servir junto uma salada verde e pão integral.

CAPÍTULO 10
Planejamento e preparo das refeições

Desjejum

A manhã parece ser a parte mais difícil do dia para a maioria de nós. Há sempre muitas coisas a fazer e nunca há tempo suficiente. Nos dias de semana, muitas mulheres deixam totalmente de lado o desjejum. Outras ingerem alimentos como rosquinhas e café, esperando obter energia instantânea. Nos fins de semana, quando a maioria de nós repousa e deixa o tempo passar tran-

qüilamente, é servido o antigo e substancial desjejum norte-americano — ovos, *bacon*, suco de laranja, leite, torradas e manteiga. Qualquer um desses roteiros alimentares prejudica a mulher que sofre de TPM.

Os melhores alimentos para o desjejum

O desjejum, na verdade, é a refeição mais importante do dia. Fazer um desjejum nutritivo proporciona a energia e a sensação de bem-estar que são tão importantes para realizarmos as nossas tarefas cotidianas. Fiz uma descoberta surpreendente com a maioria das minhas pacientes: embora o desjejum costume ser a refeição diária mais mal planejada, é também a mais fácil de reestruturar porque é a refeição que mais está sob o controle delas. A mulher não precisa enfrentar as escolhas limitadas disponíveis em um restaurante ou lanchonete, nem as pressões sociais das refeições com amigos. Sua meta deve ser um desjejum rápido e fácil de preparar, delicioso e útil para minimizar os sintomas de TPM. A melhor maneira de alcançar essa meta é enfatizando os seguintes alimentos:

Carboidratos complexos. Os carboidratos complexos são os melhores alimentos para estabilizar o nível de açúcar no sangue e proporcionar uma energia constante, liberada lentamente ao longo do dia. Eles também são de imensa ajuda para normalizar as oscilações do humor, tão devastadoras para as mulheres que sofrem de TPM. Entre as boas fontes de carboidratos complexos, temos:

- *Cereais quentes.* Como mencionei no Capítulo 5, há muitos excelentes cereais em grãos disponíveis nos entrepostos de alimentos naturais. Procure creme de centeio, creme de trigo-sarraceno, mingau de aveia integral e caixas com compostos de 4 ou 7 cereais. Escolha marcas que não adicionem açúcar. Se não houver entrepostos de alimentos naturais na sua região, procure nos supermercados; a maioria deles terá produtos adequados. Recomendo em especial a Aveia Quaker (a aveia integral dessa marca, não o produto refinado de cozimento rápido) ou outra marca de aveia integral. Muitos dos "cereais naturais" das grandes companhias são altamente refinados ou altamente açucarados. Portanto, leia atentamente os rótulos e mantenha-se vigilante.
- *Cereais frios pela manhã.* Também neste caso você terá um grande leque de escolhas se fizer suas compras nos entrepostos de alimentos naturais. Essa categoria inclui os flocos pré-cozidos de arroz, de milho ou de painço e a granola sem açúcar. Nos supermercados, procure produtos cujos rótulos especifiquem "grão integral". Evite cereais matinais com adição de açúcar.

  Você pode umedecer seus flocos de cereais com uma pequeníssima quantidade de leite de vaca ou usar substitutos como leite de cabra, leite de soja ou leite de frutos oleaginosos. Algumas mulheres gostam de comer os flocos de cereais secos ou com uma pequena quantidade de suco de maçã. Quanto aos adoçantes, prefira frutose ou xarope de bordo; como seu sabor é muito concentrado, uma gotinha basta.
- Muffins, *pães e* crackers. Experimente *muffins* (bolinhos leves, redondos e chatos), pães e *crackers* com molho de maçã, manteiga de frutos oleaginosos ou simples compotas de frutas. Também são altamente recomendados os bolos de arroz encontrados nos entrepostos de alimentos naturais, que hoje estão cada vez mais disponíveis em qualquer supermercado.

Pastas para passar no pão. Há várias pastas deliciosas que são muito mais saudáveis do que a manteiga animal. Em geral, essas pastas contêm alguns óleos e proteínas vegetais, que agem juntamente com os carboidratos complexos para estabilizar o nível de açúcar no sangue. A manteiga de amendoim (sem adição de sal), a manteiga de gergelim ou tahine (que possui alto teor de cálcio) e as pastas de soja (como o missô) são ótimas. O tahine é encontrado na seção de alimentos importados da maioria dos supermercados, bem como em todos os entrepostos de alimentos naturais. Ele é uma fonte deliciosa e maravilhosa de nutrientes. Como também é muito rico, um pouquinho basta. O molho de maçã e a compota de frutas, feitos sem açúcar, também acompanham bem torradas, panquecas e *muffins*.

Frutas. Frutas tais como maçã, pêra, banana e laranja contêm altos teores de nutrientes que aliviam a TPM, como o potássio e a vitamina C. Elas proporcionam fibras e volume, os quais são necessários na dieta. Comer frutas é um modo excelente de reduzir a compulsão por açúcar que afeta muitas mulheres com TPM.

Bebidas. A melhor coisa que você pode fazer é beber substitutos do café feitos à base de cereais, como *Pero*, *Postum* ou *Caffix*, ou então chás de ervas. Se a ansiedade e a irritabilidade estiverem entre seus sintomas, chás como o de camomila e de folhas secas de lúpulo podem aparar as arestas do seu humor.

Exemplos de menus para o desjejum

Os sete menus a seguir podem servir como indicação geral para o preparo de um desjejum saudável e não estressante.

Cereal matinal de arroz
Leite de soja
Morangos

Muffin de farelo
Manteiga de amendoim
Maçã
Chá de ervas

Waffles de cereais integrais
Amora-preta
Bebida de cereais torrados

Torrada de pão integral
Manteiga de gergelim
Banana
Chá de ervas

Panquecas de trigo-sarraceno
Sementes de girassol
Leite de frutos oleaginosos

Mingau de aveia com xarope
  de bordo
Pêra
Bebida de cereais torrados

Granola (sem açúcar)
Leite de frutos oleaginosos
Caldo de vegetais

Almoço e jantar

Sopas

A sopa constitui um excelente prato no almoço ou no jantar para as mulheres com TPM. Para combater a fadiga relacionada com a TPM, combine sopas de leguminosas (como lentilhas ou ervilhas verdes partidas) com pão, arroz ou macarrão. O teor de aminoácidos dos cereais e das leguminosas se complementam, e juntos eles produzem uma proteína de alta qualidade. Sopa de vegetais e canja de galinha também são excelentes. As melhores sopas são aquelas feitas em casa. Mas, se você estiver muito ocupada e sem tempo para cozinhar, compre as sopas enlatadas, sem adição de sal e com alto teor de nutrientes que estão disponíveis nos entrepostos de alimentos naturais. *Hain* e *Health Valley* são duas marcas excelentes.

Combinação de pratos

O jantar norte-americano tradicionalmente se organiza em torno de uma porção grande de carne ou peixe. Essa carne constitui o prato principal, com os cereais e vegetais como acompanhamento. Para a mulher com TPM, é preferível dar ênfase aos cereais e vegetais, usando a carne mais como condimento, cortada em pedaços pequenos e adicionada a sopas, saladas, pratos de forno e fritadas à moda chinesa. Entre os exemplos, temos sopa de frango com arroz e vegetais; e o *taco*, preparado com feijão, frango desfiado ou camarão sobre uma tortilha de milho. Acrescentando-se vegetais e molho, o *taco* proporciona três boas fontes de proteínas de alta qualidade: a carne, o feijão e o cereal.

Pratos de forno

Os pratos de forno geralmente são preparados com molhos à base de queijo ou manteiga, mas deveriam ser feitos com molhos mais nutritivos. Para obter um molho cremoso, por exemplo, faça um purê de vegetais (como brócolis, couve-flor e cenoura) e então misture-o com caldo de frango. Araruta, farinha de arroz e flocos de trigo-sarraceno podem ser adicionados para engrossar. O tofu também pode ser misturado ao molho, para torná-lo mais cremoso.

Condimentos

Evite pimenta-do-reino, sal de mesa, açúcar e glutamato monossódico. No lugar deles, use as ervas mais suaves, como manjericão, tomilho, dill e estragão. Se precisar realmente usar os condimentos mais fortes, use apenas metade ou 1/4 da quantidade mencionada na receita.

Hortaliças

Muitas pessoas crescem odiando as hortaliças, mas isso porque eram mal preparadas. Cozinhar hortaliças é uma arte. Ensino abaixo alguns métodos de prepará-las que vai fazer você se apaixonar por elas.

As folhas verdes. Couve-manteiga, couve-portuguesa, folhas de nabo, folhas de mostarda e folhas de beterraba contêm uma imensa quantidade de nutrientes como o magnésio e o ferro, que são essenciais no controle dos sintomas prémenstruais. As folhas verdes devem ser ligeiramente cozidas no vapor, até ficarem macias, mas não encharcadas. Elas nunca devem ser fervidas. Depois de cozinhá-las no vapor, cubra-as com uma mistura de azeite de oliva, suco de limão e uma pitada de sal marinho. (Esse molho é altamente recomendado pelos terapeutas naturais como um purificador do fígado, que melhora a eficiência da função hepática. Se isso for verdade, esse molho seria útil para as mulheres com TPM. De todo modo, é uma maneira deliciosa de preparar verduras.) Sirva esses vegetais como acompanhamento várias vezes por semana. O brócolis também fica delicioso quando marinado nesse molho.

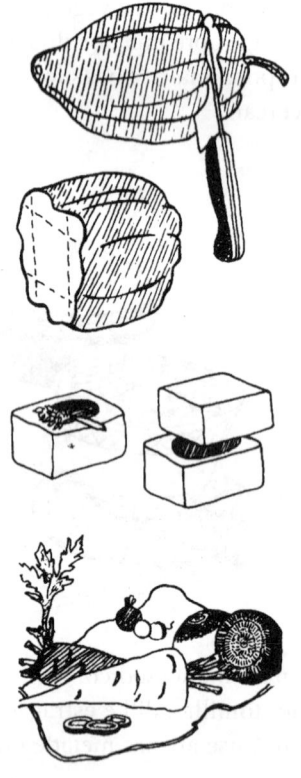

As abóboras. As abóboras, quando assadas, ficam secas e fibrosas. Eis aqui três maneiras de prepará-las melhor.

- Cozinhe a abóbora no vapor até ficar macia e depois transforme-a em purê no liquidificador. Esse purê fica macio, homogêneo e tem uma linda cor dourada. O processo de transformar em purê quebra os carboidratos complexos, de modo que a abóbora fica surpreendentemente doce e deliciosa. Seu sabor é semelhante ao da batata-doce. Se desejar, acrescente noz-moscada e canela para dar mais sabor.
- Apare uma abóbora japonesa formando um cubo. Depois corte o cubo ao meio e retire as sementes. Cozinhe no vapor por 20 minutos e então leve ao forno até ficar macia. Desse modo, a abóbora vai reter sua umidade e ficar com uma textura maravilhosa. Sirva com uma pequena quantidade de canela ou xarope de bordo.
- Corte a abóbora em fatias e salteie-a em azeite de oliva, molho de soja ou um caldo.

As raízes. Rutabagas, nabos, pastinaca e inhame podem ser preparados cortando-os em tiras longas, como batatas fritas, e depois cozidos no vapor. Cozinhe até ficarem macios, mas ainda firmes. Salpique salsa antes de servir.

As raízes também podem ser cozidas no vapor até ficarem macias e depois transformadas em purê ou batidas no liquidificador. Os nabos preparados deste modo têm um sabor amanteigado, quase como o purê de batatas.

Repolho. Para uma apresentação elegante, porém simples, corte o repolho ao meio e depois em fatias, como fatias de torta. Cozinhe essas fatias no vapor e sirva cada uma delas em pratinhos laterais individuais. Salpique com salsa, erva-doce ou cominho.

Aipo (ou salsão). Corte o aipo em bastões grossos, na forma da batata frita. Cozinhe no vapor até ficar macio. Sirva com uma guarnição de pimenta-da-jamaica ou pedacinhos de pimentão vermelho. O pimentão vermelho deve ser cozido no vapor junto com o aipo.

Saladas. Os ingredientes das saladas devem estar firmes e frescos. Devem ser bem escorridos num escorredor ou numa toalha de papel. Em vez de cortar a alface, destaque delicadamente as folhas com as mãos e coloque-as na saladeira. Acrescente o molho logo antes de servir ou apenas coloque-o à mesa, de modo que cada pessoa possa escolher à vontade. Os vegetais verde-escuros (como alface-romana, escarola, salsa e alface-roxa) são mais nutritivos do que a alface-americana. Você pode fazer saladas com uma infinidade de hortaliças cruas. Não se esqueça de usar nabo, beterraba, cenoura, couve-flor, broto-de-bambu, ervilha fresca e jicama (feijão-macuco). As saladas podem ser guarnecidas com brotos, soja torrada, sementes diversas, *croutons* ou frutos oleaginosos. Evite os molhos de salada comprados prontos; muitos deles contém glutamato monossódico, açúcar e substâncias químicas indesejáveis. Você pode fazer seu próprio molho com óleos extraídos por pressão a frio, suco de limão ou vinagre. Eis aqui algumas boas combinações:

Manteiga de gergelim	Óleo	Azeite de oliva
Raiz-forte	Vinagre	Suco de limão
Suco de tomate	Abacate	Alho, manjericão e outras ervas
Maionese	Sal	

Óleo de gergelim
Vinagre de arroz
Cebolinha verde

Exemplos de menus para almoço e jantar

Refeições de um prato só, com carne

Sopa de frango
Cevada
Frango
Cenoura
Aipo
Nabo

Peru frito à moda chinesa, sem óleo
Arroz integral
Peru
Brócolis
Broto-de-bambu
Shoyu

Ensopado de peixe
Peixe
Cebola
Alho
Cenoura
Tomate

Refeições com carne (90 a 120 gramas)

Salada de repolho cru cortado fino
Peixe de água salgada
Arroz integral
Vagem
Rutabaga

Salada de alface-romana
Peru
Pão de milho
Couve-de-bruxelas
Abóbora

Salada verde mista
Vitela
Macarrão integral

Pimentão vermelho
Aipo

Salada de cebola roxa e pimentão verde
Frango
Painço
Beterraba
Brócolis

Salada de pepino
Linguado
Arroz integral
Folhas de mostarda
Cenoura

Refeições de um prato só, sem carne

Taco
Tortilha de milho
Feijão fradinho
Alface
Guarnição de tomate e abacate
Cebola

Lasanha
Massa integral para lasanha
Semente de girassol
Abobrinha italiana
Brócolis cozido no vapor
Cebola
Molho de tomate e queijo para cobrir (pequena quantidade)

Fritura à moda chinesa, sem óleo
Arroz integral
Tofu
Brotos de feijão
Cebolinha verde
Molho de soja

Refeições sem carne

Refeições organizadas em torno da sopa
Sopa de cevada e lentilha
Pão de centeio
Brócolis
Rabanete daikon (japonês)
Molho de maçã

Sopa de feijão branco
Caxá (trigo-sarraceno partido)
Nabo
Cenoura
Pêra

Sopa de cogumelos
Arroz-selvagem
Vagem
Cebolas cozidas no fogo lento
Morangos

Refeições organizadas em torno de saladas
Salada verde mista, com guarnição de sementes de girassol
Pão de centeio
Pasta de soja

Vegetais marinados
(brócolis, couve-flor, cenoura, cogumelos e alho-poró) em molho vinagrete
Salada fria de macarrão

Salada de maçã e nozes, sobre alface-romana
Aipo
Muffins de farelo

Refeições organizadas em torno de sanduíches
Sanduíche de atum no pão de trigo
Salada de repolho cru cortado fino

Sanduíche de banana com manteiga de gergelim no pão de centeio
Sopa de vegetais

Sanduíche de peru no pão de centeio
Salada de repolho cru cortado fino

CAPÍTULO 11
O livro de receitas da Dieta da Mulher

Quando me casei, e durante meus anos de graduação e pós-graduação em medicina, eu cozinhava seguindo as receitas de Julia Child e do *Larousse Gastronomique*. Meu marido e eu recebíamos com freqüência; houve um ano memorável em que oferecemos 35 jantares. Nós e nossos amigos adorávamos cozinhar juntos. Muitas das minhas amizades foram consolidadas com manteiga e creme, xerez e Madeira.

Ao mesmo tempo, em meus estudos médicos, eu começava a juntar as peças da base nutricional para muitos sintomas da TPM. Quando finalmente percebi quanta sabotagem eu fazia contra mim mesma, fiquei chocada: aqueles jantares longos e maravilhosos, aqueles serões com os amigos, estavam diretamente ligados ao meu mal-estar, ao meu inchaço, ao meu mau humor.

Tomei a decisão de melhorar meus hábitos dietéticos e eliminar os sintomas da TPM. A culinária francesa voou janela afora e parti para a cozinha oriental, que usa bem menos gordura, menos carne vermelha e menos laticínios. Tão logo aprendi os fundamentos da cozinha oriental, comecei a adaptar suas receitas acrescentando ingredientes que corrigiam a TPM e eliminando aqueles que a pioravam. Depois comecei a usar ingredientes pouco estressantes no lugar de ingredientes altamente estressantes, em receitas originárias de outras cozinhas, em especial as receitas de sobremesas, que, para mim, estavam entre as mais difíceis de largar.

Por fim, sem que eu o tivesse realmente planejado, evoluiu todo um receituário de cozinha, usando apenas alimentos que eram bons para as mulheres. Comecei a partilhar as receitas com minhas pacientes e suas respostas entusiásticas (bem como seus pedidos de um livro de receitas) acabaram me estimulando a escrever este livro.

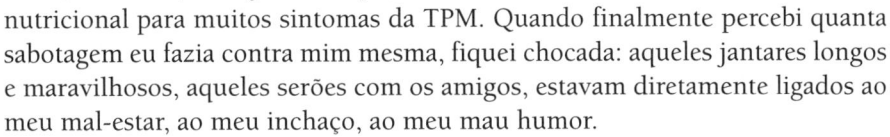

Na hora de testar as receitas para o livro, fiz eu mesma todo o trabalho de cozinha — e adorei. Ter a casa cheia de felizes provadoras me fez recordar os bons dias de antes... só que agora a comida nos fazia bem e era fácil de preparar. Foi muito gratificante ver homens mais velhos e bebês saboreando os alimentos feitos para mulheres com TPM. (Um dos mais entusiasmados provadores foi minha garotinha de dez meses, que não se cansava de tomar o leite de amêndoas.) Assim, acho que você não precisa ter medo de compartilhar sua dieta com a família e os amigos.

SOPAS

Sopa de tofu (queijo de soja)

(serve 8 porções)

1 xícara de tofu, cortado em cubinhos
1 a 1 1/2 litro de caldo de legumes
1 cebola
2 cenouras grandes
1/4 a 1 colher de chá de manjericão

Corte a cebola e as cenouras em pedaços ideais para porções individuais. Coloque-os na panela. Acrescente o tofu e o caldo de legumes. Ponha para ferver com a panela destampada. Quando ferver, abaixe o fogo, tampe a panela e deixe a sopa cozinhar até os vegetais ficarem macios. Acrescente o manjericão e sal marinho a gosto.

Variação: Acrescente uma combinação, a gosto, dos ingredientes listados abaixo. Todos eles têm alto valor nutritivo para mulheres com TPM e darão mais sabor à sopa.

1/8 de repolho, cortado em cubinhos
1/4 de xícara de vagens, cortadas em pedacinhos
1/4 de xícara de ervilhas frescas
1/2 xícara de nabos picados
4 folhas de couve-manteiga
5 raminhos de salsa
1/2 xícara de feijão roxo
80 gramas de macarrão de milho em forma de cotovelo
80 gramas de macarrão de trigo integral em forma de cotovelo

Sopa de missô (pasta de soja)

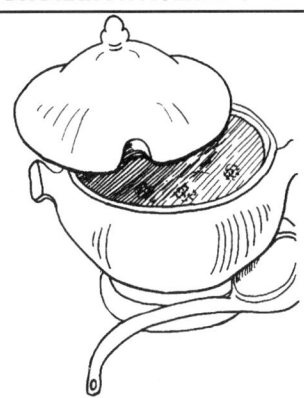

(serve 4 porções)

4 1/2 xícaras de água
2 cenouras cortadas em fatias
1 cebola cortada em fatias
1/4 de repolho, picado
4 colheres de sopa de missô claro
2 colheres de sopa de salsa ou cebolinha
   verde picadinha

Aqueça numa panela 1/2 xícara de água. Acrescente a cebola e as cenouras e deixe cozinhar durante 7 minutos. Adicione outra 1/2 xícara de água e o repolho, e cozinhe por mais 5 minutos. Acrescente o restante da água, tampe a panela e deixe ferver. Mantenha em fogo brando durante 15 minutos. Bata delicadamente o missô com um pouco da água do cozimento, acrescente à sopa e tire a panela do fogo. Salpique com a cebolinha verde ou a salsa e sirva.

Sopa de lentilha

(serve 4 porções)

1 xícara de lentilhas
1/2 cebola picada
1/2 xícara de cenouras picadas
1 a 1 1/2 litro de água
2 a 3 colheres de sopa de missô de arroz integral

Lave as lentilhas. Coloque as lentilhas, a cebola, as cenouras, a água e o missô numa panela. Leve para ferver. Quando ferver, abaixe o fogo, tampe a panela e conserve em fogo brando durante 45 minutos, ou até que as lentilhas fiquem macias.

Sopa de ervilha seca partida

(serve 4 porções)

1 xícara de ervilha seca partida
1/2 cebola picada
1 cenoura pequena cortada em fatias
1 litro de água
1/4 a 1/2 colher de chá de sal marinho

Lave as ervilhas. Coloque as ervilhas, a cebola e a cenoura numa panela. Acrescente a água. Deixe ferver, depois abaixe o fogo e tampe a panela. Cozinhe durante 45 minutos. Deixe cozinhar até as ervilhas ficarem macias. Você pode deixar esta sopa esfriar e então batê-la no liquidificador, se preferir uma textura cremosa.

Sopa de abobrinha

(serve 6 porções)

4 abobrinhas da variedade amarela
1 litro de água
1 cebola picada
1/2 colher de chá de molho de soja

Coloque as abobrinhas picadas e a cebola numa panela. Acrescente a água, deixe ferver e depois abaixe o fogo e tampe a panela. Cozinhe durante 15 minutos em fogo brando. Acrescente o molho de soja e continue cozinhando por mais 15 minutos, até que os vegetais fiquem macios. Deixe esfriar e depois bata no liquidificador. Guarneça com cebolinha verde cortada em fatias ou salsa picadinha.

Caldo de alcachofra

(serve 4 porções)

1 cebola picada
4 alcachofras
1 1/2 litro de água
Vegit ou *Vege-Sal* (misturas de condimentos, à venda nos entrepostos de alimentos naturais) a gosto

Coloque os ingredientes numa panela e cubra com a água. Deixe ferver e depois abaixe o fogo. Mantenha em fogo brando por 1 1/2 hora. Não deixe cozinhar demais. (Se passar do ponto, o caldo ficará amargo.)

Sopa de legumes

(serve 4 a 6 porções)

1 cebola picada
1 talo de aipo picado
1 nabo picado
1/2 alho-poró picado
2 cenouras picadas
1/4 maço de salsa picada
5 cogumelos cortados em fatias
1/2 colher de sopa de erva-doce

1 folha de louro
1/2 colher de sopa de tomilho
1 1/2 litro de caldo de alcachofra

Coloque todos os ingredientes numa panela. Cubra com o caldo de alcachofra da receita anterior. Deixe ferver e depois abaixe o fogo. Cozinhe por 2 horas. Coe metade dos legumes e ervas. Despeje o restante da sopa e dos vegetais nos pratos individuais para servir. Guarneça com vegetais picados bem miúdo.

SALADAS

Salada de agrião

(serve 4 porções)

2 maços de agrião
170 gramas de brotos de feijão frescos
2 colheres de chá de cebolinha verde bem picadinha
1/2 colher de sopa de sementes de girassol
molho vinagrete

Lave o agrião. Retire os caules grossos e coloque o resto numa tigela. Acrescente os brotos de feijão e a cebolinha verde. Sacuda a tigela. Acrescente as sementes de girassol e o molho vinagrete e sacuda mais uma vez. Sirva imediatamente.

Salada de tofu e arroz selvagem

(serve 4 porções)

170 gramas de tofu
2 xícaras de arroz selvagem cozido
3 ramos de cebolinha verde picados
1/4 a 1/2 xícara de salsa picadinha
1/2 pimentão verde picadinho
molho de vinagre e óleo com ervas

Corte o tofu em pedaços de um tamanho ideal para porções individuais. Junte-o com todos os outros ingredientes numa tigela. Misture com seu molho favorito de vinagre e óleo com ervas, a gosto. (Nota: Você pode substituir o arroz selvagem por arroz integral.)

Salada de tofu e arroz integral

(serve 4 porções)

2 xícaras de arroz integral cozido
1 xícara de tofu cortado em cubinhos
1 cebolinha verde cortada em pedaços
1/4 xícara de uva passa
50 gramas de amêndoas sem pele
1/4 xícara de ervilha seca cozida
1/4 xícara de pimentão verde
1/4 xícara de aipo

Junte todos os ingredientes numa tigela. A salada pode receber um molho vinagrete ou um molho preparado com 1 1/2 colher de sopa de vinagre de arroz aromatizado, 1/2 colher de chá de molho Worcestershire e 2 1/2 colheres de sopa de maionese.

Salada de lentilhas

(serve 4 porções)

1 xícara de lentilha
2 xícaras de água
1/2 colher de chá de sal marinho
1/4 de xícara de aipo bem picadinho
1/4 de xícara de cebola roxa bem picadinha
1/4 de xícara de azeitona preta bem picadinhas
2 a 3 colheres de sopa de vinagre de vinho
3 colheres de sopa de azeite de oliva
1 colher de chá de manjericão

Lave as lentilhas e coloque-as com a água numa panela. Cozinhe durante 1/2 hora ou até que as lentilhas fiquem macias.

Junte todos os ingredientes numa tigela. Coloque o vinagre de vinho, o azeite de oliva e o manjericão e sacuda a tigela.

Hommos e tahine (manteiga de gergelim)

(serve 6 porções)

1/2 xícara de sementes de gergelim cruas sem casca
1 1/2 xícara de grão-de-bico cozido
suco de 1 limão
1 dente de alho fresco
água a gosto

Coloque as sementes de gergelim cruas no moedor e faça uma massa. Passe-a para o liquidificador. Acrescente o grão-de-bico, o suco de limão e o dente de alho. Bata até se tornar um molho grosso, acrescentando pequenas quantidades de água para conseguir a consistência desejada. Use como molho em vegetais frescos, como cenouras e brócolis, ou espalhe no pão de centeio.

Molho de missô para salada

(rende 1 1/2 xícara)

1 xícara de água quente
1 colher de chá de missô
1/2 dente de alho picadinho
suco de 1/4 ou de 1/2 limão
1 pitada de pimenta vermelha comprida
1/2 xícara de tahine (manteiga de gergelim)

Dissolva o missô na água quente. Coloque no liquidificador juntamente com os demais ingredientes. Bata até formar uma massa homogênea. Rende mais ou menos 1 1/2 xícara. (Para obter uma consistência mais fina, acrescente mais água. Para uma consistência mais grossa, use menos água.)
Variação: Acrescente 1 a 3 colheres de chá de vinagre de arroz, para adoçar.

HORTALIÇAS E CEREAIS

Nota: Você pode variar o tempo de cozimento no vapor, dependendo se deseja uma textura firme ou macia.

Aipo à Juliana

(serve 4 porções)

6 talos de aipo
2 colheres de sopa de pimentão vermelho picado

Corte o aipo em pequenas tiras (como batata frita). Cozinhe no vapor durante 15 a 20 minutos, ou até que fique macio. Escorra e misture com o pimentão vermelho.

Alho-poró no vapor

(serve 4 porções)

8 alhos-porós médios
2 colheres de sopa de cebola roxa picadinha

Retire e jogue fora as extremidades verdes dos alhos-porós e lave-os cuidadosamente. Corte cada uma das raízes em duas partes. Cozinhe no vapor durante 15 a 20 minutos ou até que fique macio. Salpique a cebola em cima antes de servir.

Cubinhos de cenoura com ervilha

(serve 4 porções)

1 1/2 xícara de caldo de galinha
1 xícara de ervilhas frescas
1 xícara de cenouras cortadas em cubinhos

Aqueça o caldo de galinha até o ponto de fervura e depois abaixe o fogo. Acrescente as ervilhas e as cenouras e conserve em fogo brando por 30 minutos ou até os vegetais ficarem macios.

Couve-flor com salsa

(serve 4 porções)

1 couve-flor média
3 a 4 colheres de sopa de salsa fresca bem picadinha

Separe a couve-flor em pequenos ramos. Cozinhe no vapor por 10 minutos ou até que fique macio. Misture com a salsa fresca.

Brócolis com limão

(serve 4 porções)

1/2 kg de brócolis
suco de 1/2 limão

Corte o brócolis em pequenos ramos; cozinhe no vapor durante 15 minutos ou até que fique macio. Esprema suco de limão sobre o brócolis.

Abobrinha italiana com cebolinha verde

(serve 4 porções)

2 abobrinhas italianas médias
2 colheres de chá de cebolinha verde picada
1 colher de chá de salsa bem picadinha

Corte a abobrinha italiana em cubos. Coloque numa assadeira rasa sem untar e salpique os outros ingredientes. Tampe a assadeira e leve ao forno médio (180°C) durante 30 minutos.

Entrada de broto de feijão

(serve 4 porções)

1 xícara de caldo de galinha
1 1/2 xícara de brotos de feijão
1 xícara de cogumelos cortados em fatias

Aqueça o caldo de galinha em fogo baixo por 5 minutos. Acrescente os brotos de feijão e os cogumelos. Conserve em fogo brando por 10 minutos.

Abóbora japonesa batida

(serve 4 porções)

2 abóboras japonesas maduras
60 a 90 ml de suco de maçã
1 pitada de canela em pó

Descasque e corte a abóbora em pedaços grandes. Cozinhe no vapor até amaciar. Coloque no liquidificador, acrescente o suco de maçã e a canela e bata até formar um purê. Se quiser uma consistência mais macia e cremosa, vá acrescentando pequenas quantidades de água.

Abobrinha com ervilhas

(serve 4 porções)

2 ou 3 abobrinhas comuns pequenas cortadas em cubos
1 xícara de ervilhas

Cozinhe as ervilhas no vapor durante 10 minutos. Acrescente a abobrinha, cozinhando-as juntas por 15 minutos ou até que fiquem macias. Escorra e sirva.

Purê de vegetais nº 1

(serve 4 porções)

3 ou 4 cenouras picadas
1/8 de repolho picado
1 xícara de ervilhas

Cozinhe as cenouras no vapor durante 15 minutos, acrescente os outros ingredientes e cozinhe por mais 15 minutos, até que fiquem macios. Coloque no liquidificador e faça um purê. Acrescente água lentamente até ficar uniforme e cremoso.

Purê de vegetais nº 2

(serve 4 porções)

4 abobrinhas comuns picadas
1 beterraba média picada

Cozinhe a beterraba no vapor durante 15 minutos. Acrescente a abobrinha e cozinhe-as juntas na panela por mais 15 minutos, ou até que fiquem macios. Bata no liquidificador.

Arroz integral

(serve 4 porções)

1 xícara de arroz integral
2 xícaras de água fria

Lave o arroz com água fria. Junte os ingredientes numa panela. Leve a ferver rapidamente. Abaixe o fogo, tampe a panela e cozinhe sem mexer durante 25 a 35 minutos, até que o arroz fique macio. Resista à tentação de olhar o arroz antes de se passarem 20 minutos de fervura, porque isso deixará escapar muito vapor.

Caxá

(serve 4 porções)

1 xícara de caxá (grãos partidos de trigo-sarraceno)
3 1/4 xícaras de água

Leve os ingredientes para ferver, depois abaixe a chama e conserve em fogo brando por 25 minutos ou até amolecer. Os grãos devem ficar macios, como os de arroz. Nota: o caxá é especialmente bom para mulheres com TPM. Para o desjejum, bata-o no liquidificador até formar um "creme". Acrescente leite de amêndoas, leite de gergelim ou leite de girassol; e depois canela, pasta de maçã, gengibre, uvas passas ou frutas em bagas (morangos, amoras, framboesas etc.)

SEMENTES E FRUTOS OLEAGINOSOS

Pasta de linhaça

(serve 2 porções)

6 colheres de sopa de linhaça crua
2 colheres de sopa de suco de limão
1/2 colher de chá de amino-líquido *Bragg*
2 colheres de sopa de água

Num moedor de café ou de sementes, moa a linhaça até transformá-la em pó. Coloque essas sementes em pó numa batedeira e vá misturando os demais ingredientes até formar uma pasta. Use para espalhar sobre bolinhos de arroz ou sobre *crackers* de centeio.

Creme de linhaça

(serve 1 porção)

> 6 colheres de sopa de linhaça crua
> 120 ml de suco de maçã
> 1/4 de colher de chá de canela em pó

Num moedor de café ou de sementes, moa a linhaça até transformá-la em pó. Coloque essas sementes em pó numa tigela para cereais e vá acrescentando o suco de maçã e mexendo até a mistura espessar, ganhando a consistência de creme de cereais. Polvilhe canela por cima.

Vitamina de linhaça

(serve 2 porções)

> 6 colheres de sopa de linhaça crua
> 1 banana inteira descascada
> 180 ml de suco de maçã
> 180 ml de água
> 1 colher de chá de mel

Num moedor de café ou de sementes, moa a linhaça até transformá-la em pó. Coloque essas sementes moídas no liquidificador, acrescente os demais ingredientes e bata.

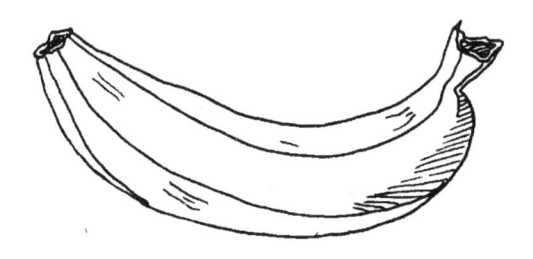

PEIXES

Salmão poché

(serve 4 porções)

4 filés de salmão (de 100 gramas cada)
1 xícara de água
1 limão
1 colher de sopa de cebola, cortada em cubinhos
1 colher de sopa de cenoura, cortada em cubinhos
60 ml de V8 (lata de suco de 8 vegetais da *Campbell*)

Junte a água e o suco do limão numa frigideira e aqueça. Coloque o salmão nesse líquido quente e salpique com os vegetais cortados em cubinhos. Cubra e deixe por 6 a 8 minutos (mas sem ferver) ou até que o salmão descame facilmente com um garfo. Remova o peixe e mantenha-o aquecido. Acrescente o suco V8 ao caldo e reduza o líquido pela metade. Cubra o salmão com esse molho e sirva quente.

Truta grelhada com dill

(serve 4 porções)

2 trutas frescas (de aproximadamente 250 gramas cada)
2 colheres de sopa de suco de limão
dill fresco picado (use dill seco se não encontrar o produto fresco)

Corte as trutas ao meio e tire as espinhas. Você terá 4 filés. Salpique os filés com o suco de limão e o dill. Coloque a truta na grelha. Deixe grelhar por 5 a 6 minutos ou até que fique no ponto.

Peixe marinado

(serve 4 porções)

350 gramas de peixe de carne branca e firme
2 1/2 colheres de sopa de azeite de oliva
2 limões
10 folhas de louro, quebradas ao meio

Corte o peixe em cubos de 2,5 centímetros. Salpique 1 1/2 colher de azeite de oliva e o suco de um limão sobre o peixe. Acrescente as folhas de louro, sacuda a vasilha para misturar e deixe marinar durante 15 minutos. Aqueça em fogo médio a colher de azeite restante. Corte o segundo limão, incluindo a casca, em cubinhos de 1 centímetro. Acrescente os pedaços de limão ao óleo, abaixe o fogo e tampe a panela. Salteie o limão até que ele ganhe um tom marrom-dourado. Retire e deixe esfriar. Faça 4 espetos com o peixe, os pedaços de limão e as folhas de louro. Ou coloque o peixe, os pedaços de limão e as folhas de louro numa grelha. Deixe grelhar por 10 minutos. Se estiver usando espeto, vire para dourar por inteiro.

Linguado poché

(serve 4 porções)

4 filés de linguado (de 100 gramas cada)
2 xícaras de água
2 cebolas miúdas picadas
2 raminhos de salsa
1 talo de aipo pequeno picado
1 folha de louro
1 cravo-da-índia

Junte a água, as cebolas, a salsa, o aipo, a folha de louro e o cravo-da-índia numa panela. Tampe e cozinhe em fogo brando por 10 minutos. Coe. Delicadamente acrescente o linguado ao líquido. Tampe a panela e deixe cozinhar em fogo brando por 10 minutos ou até que o peixe fique macio.

Linguado em leite de caju

(serve 4 porções)

4 filés de linguado (de 100 gramas cada)
3/4 de xícara de caldo de peixe ou água
2 colheres de sopa de vinho branco seco
1 cebola miúda
1/2 colher de chá de araruta em pó
1/3 de xícara de leite de caju (ver p.129)
1 colher de chá de suco de limão

Junte o caldo de peixe, o vinho e a cebola numa panela. Leve para ferver. Depois de ferver, tampe a panela e deixe cozinhar em fogo brando por 5 a 10 minutos. Coloque o linguado nesse líquido e deixe por 10 minutos, sem levantar fervura. Retire cuidadosamente o peixe, com uma escumadeira, e mantenha-o aquecido. Junte a araruta e o leite de caju. Misture-os lentamente ao caldo de peixe quente, mexendo sempre, até adquirir a consistência de molho fino. Tempere com o suco de limão. Coloque o linguado novamente no molho e deixe cozinhar em fogo brando por 2 minutos.

REFEIÇÕES DE UM SÓ PRATO

Tofu com amêndoas

(serve 4 porções)

3 xícaras de arroz integral cozido
1 xícara de tofu, cortado em cubinhos
1/4 de xícara de amêndoas escaldadas
3/4 de xícara de aipo cortado miúdo
1/2 xícara de água
molho de soja
1 colher de chá de óleo de gergelim ou de canola

Refogue o aipo na água e no óleo, em fogo baixo, por 20 minutos ou até que ele fique macio. Acrescente o tofu e as amêndoas. Continue cozinhando por 5 minutos. Transfira para uma travessa e misture com o arroz e o molho de soja, a gosto.

Tofu com ervilha torta

(serve 4 porções)

3 xícaras de arroz integral cozido
3/4 de xícara de tofu cortado em cubinhos
1 xícara de ervilhas tortas cozidas no vapor
3/4 de xícara de água
molho de soja
1 colher de chá de óleo de gergelim ou de canola

Junte o tofu e as ervilhas tortas numa frigideira grande contendo a água e o óleo. Cozinhe em fogo baixo por 5 minutos. (Acrescente água, se necessário.) Acrescente o arroz aos ingredientes na frigideira e mexa. Deixe no fogo durante 5 minutos ou até aquecer. Transfira para uma travessa e misture com o molho de soja, a gosto.

Tacos

(serve 4 porções)

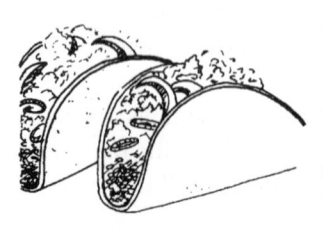

4 tortilhas de milho
1/2 quilo de feijão-fradinho cozido e feito purê
1/2 abacate cortado em fatias finas
1/4 de cebola de casca amarela bem picadinha
6 colheres de sopa de molho de tomate apimentado
1/2 alface roxa ou romana cortada

Aqueça as tortilhas e o purê de feijão em panelas separadas. Coloque as tortilhas em pratos de servir individuais e espalhe sobre elas o purê de feijão. Guarneça o prato com o abacate e a cebola, depois cubra cada taco com alface e 1 1/2
colher de sopa do molho de tomate.

PASTAS PARA PASSAR NO PÃO

Pasta de tofu e manteiga de gergelim

(rende 1 1/2 xícara)

1/2 xícara de tofu escorrido
1 xícara de manteiga de gergelim
1 a 2 colheres de sopa de mel

Misture todos os ingredientes no liquidificador ou no processador de alimentos.

Pasta de maçã e especiarias

(rende 2 xícaras)

1/2 quilo de maçãs, descascadas, cortadas em quatro pedaços e sem caroço
1/4 a 1/2 xícara de água
1/2 colher de chá de canela em pó
1/8 de colher de chá de cravo-da-índia
1/4 de colher de chá de gengibre
1 a 2 colheres de sopa de mel

Refogue as maçãs em manteiga até ficarem macias. Acrescente água e cozinhe
por 5 a 10 minutos. Acrescente as especiarias e o mel na panela. Mexa para misturar. Deixe esfriar. Passe no liquidificador ou no processador de alimentos até
obter uma pasta uniforme.

SOBREMESAS

As sobremesas são um prazer e tornam a vida mais alegre, mas os produtos industrializados que contêm açúcar, leite, manteiga, farinha refinada e outros ingredientes estressantes não servem para a mulher que pretende evitar a TPM. Felizmente,
há maneiras de desfrutar uma sobremesa sem disparar os sintomas da TPM:
• Nas suas receitas usuais, substitua os ingredientes estressantes por ingredientes não estressantes. Isso significa substituir o açúcar, a farinha refinada e os
laticínios por alimentos equivalentes.
• Use receitas especiais, que já tenham sido modificadas para combater a TPM.

Substitutos do açúcar branco

• *Corte pela metade, ou mesmo reduza a 1/3 a quantidade de adoçantes nas suas receitas.* A maioria das receitas usa açúcar em excesso. Ao longo dos anos, nossas papilas gustativas ficaram viciadas em açúcar; mas, à medida que reduz esse vício, você aprende a desfrutar sabores mais sutis.

• *Substitua o açúcar por adoçantes mais concentrados.* Tais adoçantes têm um sabor mais doce, por quantidade, do que o açúcar de mesa. Com isso, você estará reduzindo a quantidade real de açúcares usados numa receita.

3/4 de xícara de açúcar = 1/2 xícara de mel
= 1/4 de xícara de melado
= 1/2 xícara de xarope de bordo
= 1/4 de quilo de malte de cevada

Se você for usar um adoçante concentrado em lugar do açúcar numa receita comum, reduza em 1/4 de xícara os líquidos da receita. Se a receita não pedir nenhum líquido acrescente de 3 a 4 colheres de sopa de farinha para cada 3/4 de xícara do adoçante concentrado.

• Nas massas, substitua o açúcar por frutas. Ao fazer *muffins* e biscoitos, você pode tentar eliminar totalmente o açúcar e acrescentar mais frutas e frutos oleaginosos. Além de lhe fazer bem, essa opção é excelente para as crianças levarem como lanche para a escola. Você encontrará várias receitas de biscoitos sem açúcar na próxima seção.

3/4 de xícara de açúcar = 1 xícara de manteiga de maçã
= 2 xícaras de suco de maçã

Substitutos dos laticínios

Você pode usar substitutos nas receitas que pedem leite de vaca. Os entrepostos de alimentos naturais e alguns supermercados oferecem leite de soja, leite de batata e leite de frutos oleaginosos. Observei que a linha *DariFree* da *Vance* é mais digerível para as pessoas com alergias ou intolerâncias alimentares. O leite de soja também é excelente para aquelas mulheres que sofrem de TPM e estão também entrando na menopausa. Os seguintes substitutos do leite podem ser facilmente preparados em casa e são tão gostosos que acabam "viciando".

Leite de frutos oleaginosos

(rende 1 1/4 xícara)

1/2 xícara de amêndoas ou castanhas de caju escaldadas para tirar a pele
1 colher de sopa de mel ou xarope de arroz
1 xícara de água morna

Bata os frutos oleaginosos, o mel e 1/2 xícara de água morna no liquidificador. Acrescente lentamente o restante da água e bata até ficar cremoso. Se você prefere um leite menos espesso, aumente a quantidade de água morna (mais 30 a 90 ml).

Leite de aveia

(rende 1 3/4 a 2 xícaras)

1/2 xícara de aveia prensada
2 xícaras de água
1/3 de banana
1/4 de colher de chá de canela em pó
60 ml de suco de maçã
pitada de sal marinho

Misture a aveia e a água quente numa panela. Deixe cozinhar em fogo brando, com a panela tampada, por 20 minutos. Bata no liquidificador com os demais ingredientes até a mistura ficar uniforme e cremosa.

Leite de gergelim

(rende 1 1/3 xícara)

1/2 xícara de suco de maçã
1/2 xícara de água
3 cubos de gelo
3 colheres de sopa de *tahine* (manteiga de gergelim)
1/2 banana

Misture todos os ingredientes no liquidificador. Esta é uma bebida deliciosa.

Creme de tofu batido

(rende 2 1/2 xícaras)

2 xícaras de tofu
2 xícaras de água quente com uma pitada de sal marinho

1/4 de xícara de mel
3 colheres de sopa de *tahine* (manteiga de gergelim)
    ou manteiga de amêndoas
1 colher de chá de baunilha
1/4 a 1/2 xícara de suco de maçã

Mergulhe o tofu na água quente salgada. Retire do fogo imediatamente. Coloque o tofu no liquidificador e bata com os demais ingredientes. (Acrescente lentamente o suco de maçã, enquanto o creme está batendo, até obter uma mistura uniforme.)

Substitutos para outros ingredientes usuais e altamente estressantes

1 xícara de farinha refinada =	1 xícara de farinha de arroz (para *muffins*, pães ou bolos) ou 1 xícara de farinha de cevada (para a crosta de tortas)
1/2 colher de chá de sal =	1 colher de sopa de missô
1 tablete de chocolate =	3/4 de colher de sopa de alfarroba em pó
1 1/2 xícara de cacau =	1 xícara de alfarroba em pó

Usei esses substitutos em muitas das minhas receitas favoritas que continham em abundância os ingredientes ricos. A substituição foi facílima; por isso, em vez de jogar fora suas receitas favoritas, tente substituir alguns ingredientes para continuar a aproveitá-las de uma forma mais nutritiva.

Biscoitos de aveia

(rende cerca de 3 dúzias)

1/4 de xícara de mel
1/2 xícara de óleo de milho
1 ovo levemente batido
2 colheres de chá de baunilha
1/2 colher de chá de sal
1/2 xícara de farinha de arroz
3/4 de colher de chá de fermento em pó
1 xícara de germe de trigo
1 1/2 xícara de aveia em flocos
3/4 de xícara de uva passa
3/4 de xícara de algum dos frutos oleaginosos picados ou sementes de
    girassol torradas

Preaqueça o forno a 190 °C (forno médio). Misture o óleo de milho e o mel até ficar cremoso. Junte o ovo, a baunilha, o sal e bata.

Com um garfo, misture a farinha, o fermento em pó, o germe de trigo e a aveia em flocos. Acrescente os demais ingredientes. Você pode acrescentar algumas colheres de chá de água para fazer a massa adquirir a consistência apropriada.

Coloque colheradas da massa numa assadeira untada, dando uma leve achatada em cada biscoito com a colher. Leve ao forno por 10 a 12 minutos.

Biscoitos para o chá

(rende 3 1/2 dúzias)

> 2 1/2 xícaras de farinha de arroz
> 1/4 de colher de chá de sal marinho
> 1 1/2 colher de chá de fermento em pó
> 1/2 xícara de óleo de milho
> 1/4 de xícara de água
> 1/2 colher de chá de baunilha
> 1/4 de xícara de mel

Preaqueça o forno a 160 °C. Peneire os ingredientes secos, todos juntos. Junte em separado o óleo de milho com 1/8 de xícara de água, a baunilha e o mel. Misture os ingredientes secos com os molhados.

Amasse formando uma bola, acrescentando o resto da água conforme necessário para conseguir uma textura firme.

Deixe a massa esfriar por uma hora e então a espalhe com uma espessura de 2 centímetros. Corte na forma que desejar, com uma faca ou um cortador de biscoitos. Transfira para a assadeira untada e leve ao forno por 5 minutos.

Variações: Você pode variar estes biscoitos substituindo a água por suco de laranja ou acrescentando 1/2 xícara de amêndoas ou nozes moídas, uvas passas ou sementes de papoula.

Massa crocante para torta

(rende 1 torta; dobre a receita para 2 tortas)

> 1 1/2 xícara de farinha de cevada
> 1/2 xícara de germe de trigo
> 1 colher de chá de sal marinho
> 1/2 colher de chá de canela em pó
> 1/2 xícara de óleo de milho
> 4 colheres de sopa de água

Preaqueça o forno a 200 °C. Junte os ingredientes secos numa tigela. Misture o óleo de milho aos ingredientes secos, usando os dedos ou um garfo para esfarelar.

Com as mãos, vá transformando a massa numa bola e acrescentando água conforme necessário. Coloque na geladeira por 20 minutos.

Espalhe a massa para que ela fique do tamanho da sua forma de tortas; forre a forma com ela.

Leve ao forno por 8 a 10 minutos, ou até que a crosta fique castanho-dourado.

Torta de maçã

(serve 8 porções)

2 receitas da Massa Crocante para Torta (na pág. 127)
4 a 5 maçãs, picadas
2 colheres de chá de canela
uma pitada de sal marinho
2 colheres de sopa de araruta
1/2 xícara de suco de maçã
1 gema

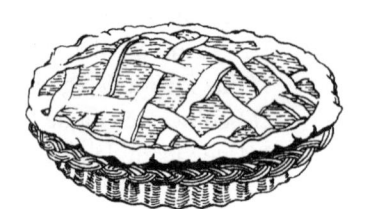

Faça a Massa Crocante para Torta e divida-a em duas partes iguais. Abra uma das partes com o rolo para formar a parte de baixo da torta e cubra com ela uma forma untada. Reserve a outra parte, mantendo-a coberta com um pano úmido.

Junte as frutas picadas, a canela e o sal marinho. Reserve.

Dissolva a araruta no suco de maçã. Mexa até misturar bem. (Você pode aquecer para misturar melhor.)

Despeje a araruta dissolvida sobre as frutas e misture muito bem. Deixe repousar por alguns minutos.

Coloque o recheio de frutas na forma.

Abra com o rolo a parte reservada da massa para formar a crosta. Cubra com ela a mistura de frutas. Fure a crosta com o garfo e espalhe gema para dar brilho.

Asse em forno médio (180 °C) por 30 minutos ou até que as frutas fiquem macias.

Torta cremosa de amora preta

(serve 8 porções)

receita simples da Massa Crocante para Torta (na pág. 127)
2 xícaras de amoras pretas (ou morangos, framboesas, frutas de bagas em geral)
1 1/2 xícara de Creme de Tofu Batido (na pág. 125)

Faça uma receita simples da Massa Crocante para Torta. Forre uma forma para tortas com a massa e asse-a por 10 a 12 minutos.

Coloque as frutas sobre a massa e cubra com o Creme de Tofu Batido.

Leite de caju gelado

(serve 6 a 8 porções)

1/2 xícara de água
agar-agar em flocos (até a marca de 90g no copo medidor)
2 xícaras de suco de maçã
2 gemas
1 xícara de suco de caju
2 colheres de sopa de mel
1/2 colher de chá de baunilha

O agar-agar é uma gelatina preparada com algas marinhas. Ele é usado como espessante e pode ser encontrado na maioria dos entrepostos de alimentos naturais.

Junte o agar-agar com a água e cozinhe em fogo baixo até dissolver.

Misture o agar-agar, o suco de maçã, o suco de caju, a baunilha e o mel.

Junte às gemas algumas colheres de chá da mistura acima e bata. Acrescente-as ao resto da mistura. Cozinhe em fogo baixo até engrossar, mexendo sempre.

Despeje a mistura em tigelas individuais e leve à geladeira.

Bolo rico

(serve 8 porções)

2 1/2 xícaras de farinha de arroz
1/2 colher de chá de bicarbonato de sódio
1 1/2 colher de chá de fermento em pó
1/2 colher de chá de sal marinho
1 colher de chá de baunilha
1/3 de xícara de mel
1/2 xícara de óleo de milho
2 ovos
1 xícara de leite de soja ou de frutos oleaginosos

Preaqueça o forno a 180 °C. Peneire juntos a farinha, o bicarbonato de sódio, o fermento em pó e o sal.

À parte junte o óleo de milho, o mel e a baunilha.

Retire as claras dos ovos. Bata as gemas e acrescente-as ao mel, óleo e baunilha. Adicione lentamente os ingredientes peneirados a essa mistura, juntamente com o leite de soja ou de frutos oleaginosos.

Bata as claras em ponto de neve e misture-as delicadamente com a massa. Coloque a massa numa assadeira bem untada e deixe assar por 30 a 40 minutos ou até que o palito introduzido no centro do bolo saia limpo.

Pão com compota de maçã

(serve 8 porções)

1 1/2 xícara de farinha de arroz
1/2 xícara de germe de trigo
1/2 colher de chá de sal
1/2 colher de chá de fermento em pó
1/2 colher de chá de bicarbonato de sódio
1/4 de xícara de mel
1/2 xícara de compota de maçã sem açúcar
1/2 xícara de óleo de milho

Preaqueça o forno a 190 °C. Junte os ingredientes secos numa tigela.

À parte, junte o óleo de milho e o mel. Acrescente a compota de maçã, misturando bem.

Junte e misture todos os ingredientes. Coloque numa assadeira de pão bem untada. Deixe assar por 30 a 45 minutos. Teste com o palito para ver quando o pão está pronto.

Adaptando a Dieta da Mulher para a gravidez ou menopausa

A Dieta da Mulher é excelente para a gravidez e para a menopausa se for ligeiramente adaptada (como, na verdade, devem ser todas as dietas) para levar em conta as necessidades dietéticas específicas desses dois períodos da nossa vida.

O cálcio tem uma importância especial: para a mulher grávida e a lactante, porque o bebê em desenvolvimento impõe exigências adicionais ao próprio suprimento de cálcio da mãe; e para a mulher na menopausa, porque a queda dos níveis hormonais tende a provocar a desmineralização dos ossos. A mulher grávida também precisa de grandes quantidades de ferro em sua dieta, porque o volume de seu sangue está aumentando bastante, criando assim uma tendência para a anemia.

Tanto para a mulher grávida quanto para a mulher na menopausa são importantes os vegetais marinhos como as algas vermelhas e as verdes, porque seu rico teor de iodo e sais minérais oferece nutrientes essenciais para a função endócrina normal (especialmente a da tireóide).

Se você desejar informações mais específicas, consulte os livros que tratam desses temas.

CAPÍTULO 12
Como reduzir o stress
na sua vida

As mulheres com TPM parecem ser particularmente suscetíveis ao *stress* ambiental durante o período pré-menstrual. Pequenas irritações, que normalmente não as perturbam, assumem uma importância monumental. Elas ficam ansiosas, irritadiças ou furiosas com o mundo que as cerca. Infelizmente, essa sensibilidade emocional é muito comum, afetando mais de 80% das mulheres com TPM.

Lembro-me da primeira vez, quando era adolescente, em que ouvi a expressão "Ela está incomodada". Isso queria dizer que a mulher em questão estava menstruada. E também queria dizer que ela estava irritadiça e difícil de tratar. A expressão reflete a crença cultural subjacente de que as mulheres são instáveis e volúveis por natureza, vítimas de sua química flutuante.

Essa era a atitude encontrada na maioria dos livros didáticos de ginecologia que li quando estudava medicina. Quase todos aqueles livros sugeriam que as mulheres possuem uma tendência natural para a histeria. Dizia-se, além disso, que as mulheres com oscilações pré-menstruais de humor eram mal adaptadas e ressentiam-se de seu papel feminino, ou estavam se punindo por sua sexualidade florescente. Ninguém mostrava curiosidade em saber se havia alguma razão fisiológica para esses sintomas. Todas as mulheres, na verdade, formavam uma massa com o mesmo diagnóstico. Não havia a menor percepção do papel desempenhado pela nutrição e outros fatores ambientais na determinação da química corporal das pessoas.

Já que todas as mulheres afetadas pela TPM eram consideradas neuróticas, o tratamento padrão consistia em psicoterapia e tranqüilizantes. Muitas pacientes deram ouvidos ao diagnóstico de seus médicos e passaram anos no divã do psiquiatra ou experimentando tranqüilizantes. Com a psicoterapia, muitas mulheres relataram ter alcançado uma maior introvisão dos seus processos inconscientes; mas sua sensibilidade ao *stress* continuou a existir. Isso deixava nelas uma sensação de desamparo; haviam tentado todas as terapias médicas usuais, e nada funcionara. Pouco esforço se fazia para ensinar as mulheres a controlar o *stress* numa base prática.

Sabemos hoje que os sintomas de *stress* emocional da TPM são resultado de uma *combinação* de fatores. São uma resposta a vários estresses físicos, ambientais e mentais. Percebemos também que o fato de serem comuns não significa que sejam normais. O que isso quer dizer é que muitas mulheres têm péssimos hábitos de vida. Como vimos, grande parte dos sintomas de TPM podem ser corrigidos com a nutrição apropriada. Com a assistência de um médico, esses sintomas também podem ser corrigidos por meio de medicamentos como progesterona e as drogas antiprostaglandinas. Mas também é muito importante aprendermos a controlar o *stress* social.

Se o seu metabolismo já está quimicamente sobrecarregado e torna você hipersensível às mudanças cíclicas nos seus hormônios, é importante que você não aumente o problema criando um ambiente pessoal estressante. As perguntas apresentadas nos testes das páginas 56 e 57 são uma indicação da quantidade de *stress* do seu ambiente. A maioria das mulheres que atendo em meu consultório médico sente que poderia fazer algo melhor. Elas percebem que poderiam encontrar maneiras de melhorar a qualidade de seu ambiente. Mesmo mulheres completamente felizes na vida profissional e na vida pessoal sentem que poderiam aprender métodos melhores de controlar o *stress*. Elas já estão cansadas daquela sensação de extrema raiva, ansiedade ou irritabilidade durante o período pré-menstrual.

Muitas das minhas pacientes me perguntam sobre técnicas para lidar melhor com o *stress*. Ao longo dos últimos nove anos, desenvolvi uma estratégia que parece funcionar. Encaminho algumas mulheres para aconselhamento ou psicoterapia, mas percebo que a maioria delas está procurando métodos práticos para controlar o *stress* sem ajuda externa. Elas querem assumir a responsabilidade pelo aprendizado da arte de lidar com os próprios problemas — buscando seus métodos de lidar com o *stress* e aprendendo técnicas para melhorar seus hábitos, e então praticando esses métodos e técnicas com regularidade. Acredito que esse caminho da auto-ajuda é o mais eficaz de todos.

A fisiologia do *stress*

Nossa reação ao *stress* é parcialmente determinada pela sensibilidade do nosso sistema nervoso autônomo. O sistema nervoso consiste no cérebro, medula espinhal e nervos periféricos. Divide-se em duas partes, conforme suas funções: o sistema nervoso voluntário e o sistema nervoso involuntário (ou autônomo).

O sistema nervoso voluntário controla a atividade no campo consciente. Por exemplo, se você puser a mão no forno quente, os terminais nervosos acionarão uma resposta que será transmitida ao cérebro. O cérebro envia uma resposta imediata, mandando você tirar a mão do forno antes que se queime. E então você, mais que depressa, tira a mão do forno.

O sistema nervoso autônomo regula funções que a pessoa de percepção mediana geralmente não nota, tais como a circulação do sangue, a tensão muscular, o ritmo da pulsação, a respiração e o funcionamento glandular. O sistema nervoso autônomo se divide em dois setores, que se opõem e se complementam mutuamente. Eles se denominam sistema nervoso simpático e parassimpático, e controlam os limites superior e inferior da nossa fisiologia. Por exemplo, se a excitação acelera demais o ritmo cardíaco, é função do sistema nervoso parassimpático agir como circuito controlador e desacelerá-lo. Se o coração se desacelera demais, então é função do sistema nervoso simpático acelerá-lo.

Muitas mulheres com TPM têm um sistema nervoso simpático excessivamente reativo, piorando durante a segunda metade do ciclo menstrual. Ter um sistema nervoso simpático facilmente acionável é ótimo quando você está dirigindo na via expressa num sábado à noite e precisa ficar de olho em motoristas embriagados. Seus músculos ficam tensos e os vasos sangüíneos se contraem para que você possa reagir a uma emergência. O problema com muitas mulheres que têm TPM é que o sistema nervoso simpático delas está *sempre* no estado de prontidão para reagir a uma crise. Isso as coloca num constante estado de tensão ou de "fuga ou luta". Elas tendem a reagir aos pequenos fatores estressantes da mesma maneira que reagem às verdadeiras emergências. Suas glândulas supra-renais aumentam a produção de adrenalina e cortisona, ajustando a química corporal para enfrentar a crise. O coração se acelera, a pulsação dispara e os músculos do pescoço e dos ombros ficam tensos. A energia que se acumula no corpo para enfrentar essa "emergência" precisa ser descarregada; e então é isso que acontece. A mulher grita com os filhos ou chuta o cachorro, e assim seu sistema retorna ao equilíbrio.

Macroestresse. Dois tipos de *stress* têm um impacto significativo sobre a saúde das pessoas: as grandes mudanças da vida e os pequenos fatores irritantes do cotidiano. As grandes mudanças da vida incluem acontecimentos importantes como o casamento, o divórcio, o nascimento de um filho e a perda do emprego. Outros acontecimentos estão totalmente fora do seu controle, mas afetam você com a mesma força. Entre eles se incluem a morte do pai ou da mãe, um acidente de automóvel pelo qual você não é culpada. Os seres humanos só conseguem se adaptar à mudança até certo ponto, sem comprometer sua saúde. Mesmo situações felizes, como o nascimento de um filho, implicam a necessidade de fazer adaptações em sua vida. Elas absorvem sua energia e exigem um período de ajuste.

Quando, num curto período de tempo, ocorre mais de um problema que dê origem ao *stress*, os efeitos são cumulativos. Essa idéia foi desenvolvida pelo dr. Thomas Holmes e seus colaboradores na Escola de Medicina da Universidade de Washington. Holmes desenvolveu o Índice da Mudança de Vida, baseado num sistema de pontos: quanto mais sério o problema, mais pontos lhe são assinalados. Assim, a morte do cônjuge é um acontecimento que marca 100 pontos, sendo considerado muito mais traumático do que uma mudança nas horas de trabalho da pessoa, acontecimento que marca apenas 20 pontos. As grandes mudanças da vida durante um período de dois anos são somadas. Um total de 300 pontos indica um grande e sério problema na vida. Mostrou-se que uma pessoa com essa marca corria alto risco de doenças graves. Acreditava-se que uma pessoa com marca entre 200 e 299 corria risco médio, enquanto alguém abaixo de 200 pontos corria baixo risco.

Poucas das minhas pacientes disseram que o início da TPM coincidia com as grandes mudanças na vida delas, mas todas concordam que essas grandes mudanças, quando ocorreram, pioraram seus sintomas.

Se você ainda não respondeu às perguntas da Avaliação dos Principais Fatores de *Stress* (baseada no Índice de Mudanças na Vida, do dr. Holmes) nas páginas 56 e 57, seria uma boa idéia fazê-lo agora.

Microestresse. Embora o Índice de Mudanças na Vida seja muito útil para avaliar a seriedade das grandes mudanças, ele é incapaz de avaliar o padrão de reação individual de cada pessoa. Por exemplo, a perda do emprego pode ser um estorvo muito grave e é, sem dúvida alguma, estressante para todo mundo. Mas um indivíduo responde à demissão com doenças e depressões, enquanto outro a toma como um desafio para o crescimento pessoal. Para determinar a sua flexibilidade em lidar com o *stress*, talvez seja mais significativa a maneira pela qual você lida com as pequenas irritações do dia-a-dia, os microestresses. Incluem-se aí coisas como um pneu furado, perder o ônibus, atrasar-se para uma reunião, o choro de uma criança, queimar o assado e uma infinidade de outros acontecimentos. Cada um de nós tem sua lista própria de "pontos fracos" que parecem nos exasperar de modo desproporcional ao incidente em si. Os microestresses podem ser insignificantes em si, mas esses pequenos incidentes vão se acumulando. Numa base diária, eles podem ser responsáveis por mais desgaste do que as grandes e dramáticas mudanças na vida descritas pelo dr. Holmes.

Seria útil para você perceber como está lidando com essas irritações. A tensão vai se acumulando no seu corpo? A sua respiração vai ficando mais superficial à medida que cresce seu aborrecimento? Ou você começa a respirar profundamente e se exercitar aos primeiros sinais de *stress*? Você medita para acalmar sua mente? Muitas das minhas pacientes não conseguem reconhecer seus primeiros sinais de *stress*. Elas só percebem que estão aborrecidas quando seus sentimentos ficam muito fortes. E então elas fumam, comem demais, tomam pílulas ou ficam irascíveis e irritadiças. Para a maioria de nós, o controle eficaz do *stress* é algo que tem de ser aprendido.

É importante que você avalie suas áreas de microestresses. Se ainda não fez o teste, volte às páginas 56 e 57 e faça-o agora. Se já o fez, seria bom repassá-lo uma vez mais.

O que o stress *faz ao seu corpo*

Agora que você já avaliou as áreas da sua vida que produzem *stress*, é importante ver como ele se localiza no seu corpo. Na maioria das pessoas, ele causa uma tensão muscular que é percebida como rigidez, inflamação ou dor. A tensão crônica obstrui o fluxo de sangue para aquela região do corpo, cortando o fluxo de oxigênio para os tecidos. As células não recebem os nutrientes de que precisam para funcionar adequadamente. Como resultado, os músculos funcionam em um baixo nível de energia. Os resíduos tóxicos não são eliminados eficazmente e o ácido láctico se acumula. Tudo isso leva à fadiga. Essas dores e desconfortos são sinais enviados pelo seu corpo, alertando que você precisa relaxar. O teste da página 56 ajudará você a lembrar em quais lugares do seu corpo é mais provável que a tensão se acumule.

Tente lembrar também se há atividades específicas que parecem lhe causar dores musculares. Caso positivo, elas ocorrem num momento específico do dia?

O controle do *stress*

O *stress* pode ser controlado de três maneiras:
- procurando o aconselhamento de um profissional qualificado
- reestruturando seu ambiente para torná-lo menos estressante
- aprendendo técnicas de relaxamento.

Procurando um profissional qualificado

Esta opção pode ser muito útil para quem sente que precisa dela e tem os recursos para pagá-la. Mas, como este é um livro de auto-ajuda, você estará agindo como sua própria conselheira. Você precisará olhar dentro de si mesma e observar quais áreas gostaria de mudar para tornar sua vida mais agradável. Somente a pessoa tolhida na necessidade de ser uma vítima é que dirá: "Não há nada que eu possa fazer." Está claro que você não é esse tipo de pessoa... se fosse, não estaria lendo este livro!

Reestruture o seu ambiente

Todos nós tendemos a esquecer nosso ambiente de vez em quando. Vemos o que nos cerca e, contudo, não enxergamos as coisas. Se você passa o dia como um robô, simplesmente cumprindo suas tarefas e suportando o desconforto, está na hora de parar e perguntar a si mesma o que você pode fazer para melhorar sua vida.

O ambiente físico. Você tornou seu lar e seu local de trabalho atraentes, com quadros, plantas ou acessórios pessoais? Cercar-se de cores calmantes e música suave ajuda-a a lidar com o *stress*.

O trabalho. Se você não gosta do seu emprego, procure encontrar outro. Você poderia freqüentar cursos noturnos ou seminários de fim de semana, preparando-se para outro campo ou outro nível de emprego. Mesmo que tenha de se preparar lentamente, o processo lhe dará algo positivo em que focalizar e você estará aprendendo algo que aprecia. Converse sobre os problemas profissionais com a chefia, para ver se você pode transformar seu trabalho numa experiência mais gratificante.

Procure trabalhar mais lentamente naqueles momentos do dia em que você começa a "se arrastar". Mantenha seu ritmo, percebendo quando você tende a sentir fadiga. Renove suas energias nesses momentos, fechando a porta do seu escritório ou indo para o seu quarto ouvir uma fita de relaxamento, fazer respiração profunda ou meditar. (As técnicas específicas mostradas na próxima seção levam poucos minutos e podem aumentar sua energia de forma extraordinária.)

O lar. De muitas maneiras, o lar é a mais difícil de todas as áreas da vida para ser trabalhada, porque nossas relações com o marido, os filhos e nós mesmas baseia-se em grande parte na nossa criação e educação. Tendemos a interiorizar o comportamento e as crenças da nossa família de origem. Recebemos essas mensagens já desde o início da vida e elas fazem parte de nós, como nossos braços e pernas. O verdadeiro conflito ocorre quando aquilo que nós, como mulheres adultas, gostaríamos de ter difere daquilo que nos ensinaram a ter. Digamos que certa mulher quer ter uma relação sexual satisfatória; mas se os pais dela não tinham esse tipo de relação ou a ensinaram a temer o sexo, é possível que ela construa seu ambiente de modo a que tal relação não ocorra. Ela vai brigar com o marido, para evitar intimidade, ou vai escolher para marido alguém pouco interessado em sexo. Esses são apenas dois dentre os milhares de modos pelos quais as pessoas inconscientemente se preparam para a frustração e o *stress*.

Se você está extremamente insatisfeita com a vida pessoal que construiu para si mesma, talvez precise da ajuda de um conselheiro. No cotidiano, porém, certamente há coisas que você pode fazer para melhorar sua vida. É muito útil ler livros de psicologia e textos inspiradores, ouvir e repetir fitas cassete com afirmações que substituem as mensagens negativas recebidas dos pais quando criança. Seu sistema de crenças pode lentamente ser programado para aquilo que fará você feliz.

Quando toco no assunto com minhas pacientes, muitas delas parecem reconhecer quais são seus problemas, mesmo quando não têm certeza da maneira de resolvê-los. Muitas pessoas se comunicam de um modo que simplesmente não funciona. Ou elas não afirmam diretamente seus desejos, ou o fazem de maneira agressiva e combativa, ou se expressam como a vítima prestes a ser chutada.

Se você sabe que tem uma área problemática na sua vida, eis algumas dicas úteis:

- Peça a opinião das pessoas que a cercam. Pergunte ao seu marido ou às amigas. Mantenha-se receptiva a essas opiniões. Não "mate o mensageiro das más notícias" mostrando uma atitude raivosa ou defensiva.
- Negocie suas divergências. Há empresas que vão à falência quando patrões e empregados não ouvem uns aos outros. Seu lar não é diferente de uma empresa. Você nunca pensaria em gritar com seu chefe, a menos que quisesse ser demitida. Por que você grita com seus filhos ou suas amigas? Tudo isso drena suas energias. Os maus hábitos de comunicação causam *stress*, destroem seu sistema nervoso autônomo e podem ser um gatilho ambiental para a TPM. É necessário sentar-se com os outros e discutir os problemas de maneira construtiva, produzindo um resultado positivo. A discussão funciona quando duas pessoas dão um pouco e recebem outro pouco. Desse modo, todo mundo sai ganhando.

Todos nós gostaríamos de ter, o tempo todo, exatamente aquilo que queremos. Mas não é isso que acontece na vida real. Por exemplo, você quer sair no fim de semana, ir a festas e encontrar os amigos; mas seu marido quer ficar em casa assistindo televisão.

O meio de se expressar mostrado a seguir *não* funciona:

Você (em tom de voz furioso): "É tudo culpa sua. Você não me deixa ter o mínimo de diversão. Tudo que fazemos é ficar em casa."

Mesmo que você honestamente se sinta assim, expressar seus sentimentos desse modo só vai provocar uma resposta também furiosa. Você não será ouvida. Talvez tenha mais sorte com esta fórmula:

Você (em tom de voz preocupado): "Eu não me sinto feliz com a nossa vida social. Eu gostaria de sair mais e você prefere ficar em casa. Como é que nós podemos resolver este problema?"

Essa fórmula só vai funcionar se você estiver falando com um companheiro ou amigo aberto ao diálogo. Mas, pelo menos, você será parte da solução, não parte do problema.

Técnicas de relaxamento

Muitas pessoas pensam que relaxamento é o que fazemos quando estamos dormindo. Nós, ocidentais, tendemos a ser orientados para objetivos. Corremos o dia todo, tentando completar nossas tarefas com toda a rapidez possível, para depois partirmos para as tarefas seguintes. Há em nós um contínuo sentido de urgência — "Preciso terminar isto" — que não leva em conta como chegamos à meta. Isso acelera as respostas do nosso sistema nervoso autônomo, levando ao *stress* e à tensão, e piorando a TPM. Com o uso de técnicas de relaxamento, as tarefas são feitas na mesma quantidade de tempo e a jornada é muito mais agradável.

Para escrever este livro, por exemplo, estabeleci metas de produção diária (tantas páginas por dia). Para cumprir essas metas, posso correr para aprontar as tantas páginas o mais rápido possível ou posso trabalhar sossegadamente. Quando escrevo com pressa, fico mais nervosa e cansada no fim do dia. Os músculos das minhas costas doem de tanto ficar inclinada sobre o teclado. Mas quando escrevo sossegadamente, levanto-me da cadeira a cada uma ou duas horas e faço um intervalo. Alongo os músculos cansados, faço alguns exercícios de respiração profunda e arejo a mente. A surpresa é que, com o segundo método, consigo produzir muito mais que com o primeiro — e me sinto muito mais relaxada e cheia de energia no fim de um dia de trabalho.

Venho ensinando esses métodos de relaxamento às minhas pacientes já há alguns anos. Eu lhes ensino esses exercícios no meu consultório ou elas aprendem por conta própria, com os livros e fitas de vídeo que lhes indiquei. Quase sem exceção, voltam entusiasmadas com os resultados. Dizem que esses exercícios acalmam a mente e o corpo. Geralmente se sentem mais felizes e mais positivas diante da vida. Também notam melhoras na saúde física. Uma mente calma parece acalmar o corpo: o sistema nervoso autônomo se desacelera e a química corporal se normaliza.

Eis aqui alguns exercícios simples que constatei serem muito úteis para as mulheres com TPM:

Primeiro passo. Encontre uma posição confortável. Para muitas mulheres, é a posição deitada de costas. Você também pode fazer os exercícios sentada. Tente manter a coluna tão ereta quanto possível. Não cruze braços e pernas. É importante que suas roupas sejam soltas e confortáveis.

Segundo passo. Focalize sua atenção nos exercícios, de modo que pensamentos perturbadores não interfiram na sua concentração. Feche os olhos e respire fundo algumas vezes, inspirando e expirando. Isso ajudará a afastar seus pensamentos dos problemas e tarefas do dia, e começará a aquietar sua mente.

Exercício 1: Concentração

Contemple um relógio (do tipo analógico, com ponteiros para horas e segundos). Focalize toda a sua atenção nos ponteiros do relógio. Durante 15 segundos não permita que qualquer outro pensamento entre em sua mente. Ao final desse tempo, observe sua respiração. Você provavelmente perceberá que ela se desacelerou e está mais calma. Também é possível que você se sinta menos nervosa.

Exercício 2: Respiração abdominal profunda

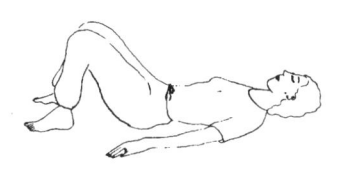

Deite-se de costas, com os joelhos flexionados. Mantenha os pés ligeiramente separados. Tente respirar inspirando e expirando pelo nariz.

Inale o ar profundamente. Ao inspirar, permita que seu estômago relaxe, de modo que o ar flua para o seu abdome. Sua barriga deve estufar como um balão quando você inspira. Visualize a parte inferior de seus pulmões se enchendo de ar.

Imagine que o ar que você está inspirando enche seu corpo de energia.

Exale o ar profundamente. Ao expirar, imagine que o ar está sendo expulso do fundo dos seus pulmões e saindo por suas narinas (como um tubo de pasta de dente sendo enrolado).

Ao exalar, imagine que você está emitindo amor e paz com cada respiração.

Repita esta seqüência até sua respiração ficar lenta e regular. Você sentirá todo o seu corpo relaxado. Este exercício de respiração também fortalece os músculos do abdome e do peito. Além disso, é muito útil para todas as pessoas que têm problemas respiratórios.

Exercício 3: Para descobrir a tensão muscular

Deite-se numa posição confortável. Deixe seu braço direito descansar molemente, com a palma da mão para baixo, na superfície ao seu lado.

Agora, erga a mão direita, não o braço todo, e deixe-a levantada por 15 segundos.

Como você sente o alto do seu antebraço? Está enrijecido e tenso?

Agora deixe seu braço cair e relaxar. Os músculos também devem relaxar. E você deverá senti-los novamente confortáveis.

Enquanto estiver deitada, observe quaisquer outras partes do seu corpo que carreguem tensão. Você as sentirá enrijecidas e um tanto sensíveis. Talvez você observe uma constante dor indefinida. Músculos tensos bloqueiam o fluxo sangüíneo e cortam o suprimento de nutrientes aos tecidos. O músculo tenso fica pouco oxigenado e, em resposta, produz ácido láctico.

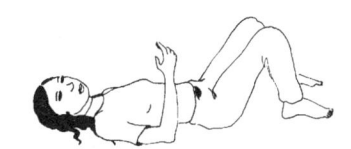

Exercício 4: Relaxamento muscular progressivo

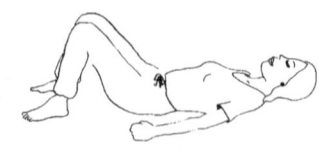

Deite-se numa posição confortável. Deixe seus braços repousarem molemente, com as palmas das mãos para baixo, na superfície ao seu lado. Durante este exercício, pratique a respiração profunda do Exercício 2.

Cerre os punhos e mantenha-os firmemente cerrados por 15 segundos. Enquanto isso, relaxe o resto do seu corpo. Depois deixe suas mãos relaxarem.

Agora tensione e relaxe as seguintes partes do seu corpo, nesta ordem: rosto, ombros, costas, barriga, pelve, pernas, pés e dedos dos pés. Mantenha cada parte tensionada por 15 segundos e depois relaxe o corpo todo por 30 segundos, antes de tensionar a próxima parte.

Visualize a parte tensionada se contraindo, tornando-se cada vez mais firme. Ao relaxar, veja a energia fluindo para todo o corpo, como uma onda suave, e deixando todos os seus músculos macios e flexíveis.

Finalize este exercício sacudindo as mãos e imaginando que todo o resto da tensão sai do seu corpo pelas pontas dos dedos das mãos.

Este é um exercício particularmente útil para você fazer quando sentir a tensão se acumulando durante o período pré-menstrual. É um exercício que ajuda a descarregar o *stress* de uma maneira benéfica.

Exercício 5: Meditação

Deite-se ou sente-se numa posição bem confortável.

Feche os olhos e respire profundamente. Deixe sua respiração ficar bem lenta e relaxada.

Focalize toda a sua atenção na respiração. Observe os movimentos da inspiração e expiração no seu peito e no seu abdome.

Afaste todos os outros pensamentos, sentimentos e sensações. Se você sentir que começa a divagar, traga sua atenção de volta para a respiração.

Ao inalar o ar, diga a palavra *in* (o inglês equivalente a "entra"). E diga a palavra *out* (o inglês equivalente a "sai") ao exalar o ar. Estique a articulação dessas palavras para que elas durem o tempo todo de cada respiração. A palavra *in* deve soar como: i-i-i-i-n-n-n-n-n. E a palavra *out* deve soar como: a-a-u-u-u-t-t-t-t-t. A repetição dessas duas palavras vai ajudar você a se concentrar.

Pratique este exercício enquanto agüentar, até o máximo de 5 minutos.

Esta meditação exige que você se sente em silêncio e se envolva numa atividade simples e repetitiva. (De início, pode ser muito difícil.) Ao esvaziar a mente, você dá a si mesma um pouco de repouso. O metabolismo do seu corpo se desacelera. As ondas cerebrais se reduzem da onda *beta* (as ondas rápidas que predominam durante o nosso cotidiano normal de trabalho) para uma onda *alfa* ou *teta*, mais lenta. Esse padrão mais lento é o que aparece durante o sono ou no período de relaxamento profundo que vem logo antes do sono. A meditação permite que sua mente tire umas férias da tensão e das preocupações. Ela é muito útil durante o período pré-menstrual, quando cada pequeno fator estressante se amplia e se transforma em algo monstruoso. Depois de meditar, é possível que você acabe perguntando a si mesma "qual era mesmo o motivo de toda aquela preocupação?" Você verá que as situações não são tão ruins como pareciam.

Exercício 6: Afirmações

Sente-se numa posição confortável. Repita as seguintes afirmações. Repita três vezes aquelas que forem particularmente importantes para você.

- Meu corpo é forte e saudável.
- Meu sistema feminino é forte e saudável.
- Meus hormônios estão equilibrados e normais.
- Meus níveis de estrogênio e progesterona estão perfeitamente regulados.
- Minha química corporal está equilibrada e normal.
- Eu atravesso meu ciclo menstrual mensal com facilidade e conforto.
- Eu pouco percebo que meu corpo está ficando pronto para menstruar.
- Eu me sinto ótima antes de menstruar todo mês.
- Minha disposição de ânimo permanece calma e relaxada o mês todo.
- Eu controlo o *stress* com facilidade e competência.
- Eu quero uma dieta saudável e bem equilibrada.
- Eu gosto de comer alimentos deliciosos e nutritivos.
- Meu corpo quer alimentos ricos em vitaminas e sais minerais.
- Eu reservo um momento, todo dia, para relaxar e me divertir.
- Eu pratico os métodos de relaxamento que me agradam.

Repita essas afirmações, várias vezes por dia, durante aquela parte do mês em que você está livre dos sintomas pré-menstruais.

Seu estado de saúde é determinado pela interação de seu corpo e sua mente. Ele é determinado por meio das milhares de mensagens mentais que você envia a si mesma, dia após dia, com seus pensamentos. Por exemplo, se não gostar de si mesma, você estará constantemente se criticando: sua aparência, seu modo de falar e de agir. Essa crítica se refletirá no seu corpo. Seus ombros certamente ficarão caídos e sua expressão ficará descolorida e deprimida.

Quando seu corpo acredita que está doente, ele se comporta como se estivesse doente. Essa é uma parte do motivo pelo qual você sente mal-estar antes do seu período menstrual. Não basta mudar seus hábitos de alimentação e exercício. Você também precisa mudar seu sistema de crenças e sua maneira de ver seu próprio corpo. Essa técnica de imaginar seu corpo do modo que você quer que ele seja tem sido muito útil para pessoas que sofrem de vários tipos de doença. Em seu livro *Getting Well Again*, o terapeuta de radiação do câncer Carl Simonton relata ter usado essa técnica com seus pacientes. Ele pedia para o paciente imaginar que tinha um sistema imunológico forte e capaz de combater um pequeno e insignificante foco de câncer (e não o contrário). Num número significativo de casos, ele testemunhou a redução de doenças muito graves em seus pacientes.

Exercício 7: Visualizações

Feche os olhos. Comece a respirar profundamente. Inale o ar e deixe-o sair lentamente. Sinta seu corpo começando a relaxar.

Imagine que seu período pré-menstrual se inicia e que, para sua grande surpresa, você se sente ótima. Deixe um sorriso se abrir em seu rosto, agora, e veja como é bom sorrir. Permita-se sentir a felicidade por alguns segundos.

Imagine-se olhando num espelho. Veja seu corpo com os olhos da sua mente. Você está despida ou vestindo apenas uma *lingerie* ou um *short*.

Olhe para seus seios e os toque. Para sua surpresa, você os sente perfeitamente normais. Seus seios não estão doloridos nem inchados.

Olhe para seu abdome. Veja-o liso e macio. Nenhum inchaço se acumulou este mês.

Olhe para seu rosto. Está macio e relaxado. O sorriso ainda permanece na sua face. Você se sente no comando de si mesma. Não se sente ansiosa, irritadiça ou deprimida. Seu humor está esplêndido. Olhando-se no espelho, você sabe que consegue enfrentar todos os problemas que surgirem, com competência e facilidade.

Sua pele está limpa e macia. Toque seu rosto e desfrute a delícia de ter uma pele perfeita nos dias que antecedem seu período menstrual.

Olhe para todo o seu corpo e desfrute a sensação

de energia e otimismo que percorre todo o seu ser. Você se tornou uma mulher muito calma.

Agora, pare de visualizar a cena e volte à respiração profunda.

Abra os olhos e sinta-se bem, muito bem.

A visualização dessa cena deve levar de 45 segundos a um minuto, talvez um pouco mais se você preferir demorar em alguma imagem específica. Uma visualização é bem-sucedida quando lhe permite mudar realmente seus sentimentos a respeito de uma determinada situação.

Sua visualização deve começar estabelecendo o projeto mental de um corpo mais saudável e de um sistema de crenças mais positivo a respeito de sua saúde.

Banho quente de imersão

Este é um método excelente para induzir o relaxamento. Você pode preparar um banho mineral semelhante àqueles oferecidos nas clínicas de hidroterapia. Encha a banheira de água quente e acrescente uma xícara de sal marinho e uma xícara de bicarbonato de sódio. Essa é uma mistura altamente alcalina, que deve ser usada somente duas ou três vezes durante o período pré-menstrual. Ela alivia as cólicas menstruais e ajuda a acalmar a ansiedade e irritabilidade pré-menstruais.

Fique dentro da água por 20 minutos. Depois desse banho, você provavelmente se sentirá muito relaxada e sonolenta. O ideal é tomá-lo à noite, logo antes de dormir. Você certamente dormirá muito bem. E despertará na manhã seguinte sentindo-se rejuvenescida e cheia de energia.

Como tornar a melhora permanente

Seu estado de saúde é profundamente afetado por suas crenças. Quando sua mente está estruturada de uma maneira positiva, ela pode ajudar a corrigir quaisquer desequilíbrios hormonais e fisiológicos. Este capítulo lhe apresentou várias maneiras diferentes de reorganizar sua mente e seu corpo. Quais exercícios você irá praticar é algo que depende do seu gosto individual. Tente cada um deles, pelo menos uma vez. Experimente-os até descobrir a combinação que funciona no seu caso em particular. Fazer todos os sete exercícios não levará mais do que 15 minutos ou 1/2 hora, dependendo do tempo que você quiser dedicar a cada um deles. O ideal é que os exercícios sejam feitos todo dia, durando pelo menos alguns minutos. Com o tempo, eles a ajudarão a perceber suas crenças negativas e a transformá-las em crenças novas e positivas. Sua capacidade de lidar com o *stress* melhorará imensamente.

CAPÍTULO 13
Exercícios para a TPM

Nos meus tempos de adolescente, os exercícios nunca eram mencionados como um possível tratamento para a TPM. Eu só ouvia falar de aspirina, bolsa de água quente e cama, coisas que na verdade não eram eficazes. Quando tinha cólicas menstruais, eu ia para a cama e simplesmente ficava suportando a dor, na esperança de que não durasse muito tempo. Eu gostaria de ter conhecido os benefícios de um corpo bem condicionado. 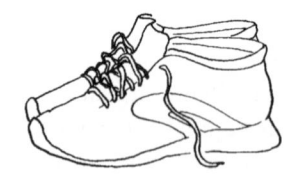 Só fui descobrir isso nos meus anos de residência hospitalar, e comecei a praticar mais natação e ciclismo quando meu período menstrual se aproximava. Desde então tenho também observado os efeitos benéficos do exercício em muitas das minhas pacientes.

São muitas as razões fisiológicas pelas quais o exercício alivia a TPM. A dor pré-menstrual faz a respiração ficar mais rápida e superficial. As mulheres também têm a tendência de contrair involuntariamente os músculos quando sentem dor ou quando a esperam. Respiração superficial e músculos tensos diminuem a quantidade de fluxo sangüíneo e de oxigenação nos tecidos. Com isso, pioram muito os sintomas congestivos da TPM. A dor nos tornozelos, nos pés e na pelve é geralmente devida à retenção de líquidos. (No período pré-menstrual, algumas mulheres chegam a observar um inchaço visível nas suas extremidades inferiores.) O exercício corrige todos esses problemas. A vigorosa ação de bombeamento dos músculos que ocorre com a caminhada, o tênis, a natação e outras atividades movimenta o sangue e outros fluidos nos órgãos congestionados. (Pela mesma razão, o ato sexual e o orgasmo podem fazer você se sentir melhor.)

O exercício previne as cólicas e a dor na região do sacro, porque fortalece os músculos abdominais e das costas. As mulheres que se exercitam com regularidade geralmente informam que seus períodos menstruais ficaram mais curtos e com menos sangramento.

Há também importantes efeitos psicológicos. O exercício reduz a ansiedade e irritabilidade pré-menstruais, pois ajuda a equilibrar o sistema nervoso autônomo. É uma maneira eficaz de descarregar o hiperativo padrão "fuga ou luta" que é experimentado por muitas mulheres. A maioria das mulheres observa uma sensação profunda de relaxamento e paz depois de fazer exercícios. Isso talvez se deva a uma maior produção de endorfinas (substâncias químicas produzidas pelo cérebro, que têm um efeito opiáceo natural e que são consideradas a razão de ser do "pique do corredor" experimentado por muitos maratonistas.)

Os benefícios do exercício aeróbico sobre a TPM foram relatados num estudo publicado em 1994 no *Journal Psychosomatic Research*. Esse estudo comparou 97 mulheres que se exercitavam regularmente com um grupo de 159 mulheres com estilo de vida sedentário. As mulheres que se exercitavam regularmente apresentavam uma capacidade de concentração muito melhor e menos sintomas de comportamento, humor e dor durante o período pré-menstrual do que as mulheres que não se exercitavam.

Enquanto a atividade física moderada e freqüente é benéfica, saiba que um programa vigoroso de exercício pode provocar irregularidades menstruais. Mulheres jovens que treinam para competições esportivas ou cujas carreiras exigem uma atividade física vigorosa freqüentemente experimentam algum atraso em seu período menstrual. Por volta dos 18 anos de idade, 10% das alunas de balé ainda não menstruaram. Mulheres com ciclos normais às vezes menstruam com menos freqüência ou param totalmente de menstruar quando se exercitam vigorosamente. Várias razões foram sugeridas para esses fenômenos. Em termos ideais, a mulher normal tem cerca de 22% de gordura corporal. Na mulher atlética, esse número pode cair até 10%. Já que o estrogênio é sintetizado pelo tecido adiposo, bem como pelos ovários, o menor percentual de gordura corporal faz diminuir a quantidade de estrogênio circulante. O treinamento competitivo também pode ser muito estressante em termos emocionais. Ele interrompe o ciclo menstrual no nível do hipotálamo (a parte do cérebro responsável por acionar a produção dos hormônios pituitários). Os ciclos menstruais de muitas atletas voltam ao normal quando elas reduzem o nível de exercitação.

Para a TPM, certos tipos de exercício parecem ser melhores do que outros. Caminhar em ritmo rápido ao ar livre é particularmente benéfico. Tente caminhar ao sol do começo da manhã, para aumentar seus níveis de vitamina D natural. Nadar é excelente para a tonificação geral e para a saúde cardiovascular. Outros esportes agradáveis incluem andar de bicicleta, tênis e *jogging* moderado.

Tente se exercitar com a maior freqüência possível. Alguma forma de exercício todo dia é o melhor para sua saúde geral. É muito importante aumentar o nível de atividade uma ou duas semanas antes da descida da menstruação. Tente se exercitar antes que seus sintomas apareçam. Não espere até que eles atinjam proporções críticas.

CAPÍTULO 14

A massagem por acupressura

A medicina ocidental vê o corpo humano como uma série de reações químicas e mecânicas. O coração, por exemplo, pode falhar mecanicamente tal como uma bomba de água. Ele também falha quimicamente quando minerais essenciais, como o cálcio e o potássio, estão presentes em quantidades anormais.

A medicina oriental tradicionalmente vê o corpo humano de modo diferente. Ela se baseia na crença de que existe uma energia vital ou "biocampo". Essa energia vital é chamada *chi*. Ela é diferente da energia eletromagnética, embora haja semelhanças. A medicina oriental acredita que a saúde ocorre quando o *chi* está igualmente distribuído pelo corpo, apresentando-se em quantidades suficientes. Acredita que o *chi* energiza todas as células e tecidos do nosso corpo.

A crença é que essa energia vital se distribui por todo o corpo em canais chamados *meridianos*. Esse sistema de distribuição seria análogo aos vasos sangüíneos e linfáticos, exceto que estes últimos distribuem fluido, enquanto os meridianos distribuem uma energia sutil. Os meridianos movimentam a energia pelo corpo, como rios invisíveis. Eles fluem profundamente até o interior do corpo, através dos sistemas orgânicos e às vezes chegam até a superfície da pele. O local exato em que a energia chega à superfície da pele é chamado *ponto de acupuntura*. A resistência elétrica da pele nesses pontos é ligeiramente diferente daquela da pele circundante.

A medicina oriental acredita que a doença ocorre quando o fluxo de energia através de um meridiano pára ou é bloqueado. Então, o sistema orgânico interno correspondente manifesta sintomas de doença. O fluxo no meridiano pode ser corrigido pela estimulação dos pontos existentes na superfície da pele. Esses pontos podem ser tratados por uma massagem manual, pela inserção de agulhas ou por estímulos elétricos. Quando o fluxo normal de energia pelo corpo se restabelece, acredita-se que o corpo curará a si mesmo espontaneamente.

A estimulação dos pontos de acupuntura pode ser usada para ajudar a aliviar a TPM. A maneira mais simples e eficaz é usar a pressão das pontas dos dedos [a chamada "acupressura", processo análogo à acupuntura, mas que usa a pressão dos dedos em vez das agulhas]. A acupressura pode ser feita por você mesma ou por uma pessoa amiga, seguindo instruções simples. É segura e indolor, e não envolve o uso de agulhas. Pode ser praticada sem os anos de treinamento especializado exigidos para a inserção das agulhas.

No meu consultório, usei acupressura nas minhas pacientes para curar os mais diversos problemas, incluindo pneumonia, infecções viróticas, dor de cabeça e tensão muscular, bem como TPM. Observei que a acupressura funcionava em casos rebeldes e resistentes, para os quais nada mais parecia ser eficaz.

Como executar a acupressura

1. A acupressura deve ser feita por você mesma ou por uma pessoa amiga, quando você estiver bem relaxada. O ambiente deve estar aquecido e tranqüilo. As mãos devem estar bem limpas e as unhas curtas para evitar arranhões. Se suas mãos estiverem frias, lave-as com água quente.
2. Escolha para trabalhar o lado do corpo no qual você sente mais desconforto (as cólicas menstruais, por exemplo, podem ser piores em um lado). Se os dois lados mostrarem desconforto igual, escolha qualquer um, à vontade. Trabalhar em um lado parece aliviar os sintomas nos dois lados. Parece que há uma transferência de energia, ou de informação, de um lado do corpo para o outro.
3. Sustente cada ponto indicado no exercício, com uma pressão firme e constante, durante 1 a 3 minutos. A pressão deve ser aplicada lentamente com a ponta ou a polpa dos dedos. É melhor colocar vários dedos sobre a área do ponto. Se sentir resistência ou tensão na área sobre a qual está aplicando a pressão, você pode apertar com um pouco mais de força. Contudo, se começar a sentir a mão tensa ou cansada, alivie um pouco a pressão. Assegure-se de que sua mão está confortável. Pode ser que você sinta o ponto de acupressura um pouco dolorido; isso significa que o canal, ou caminho da energia está bloqueado.
4. Durante o tratamento, a suscetibilidade à dor no ponto deve desaparecer lentamente. Também é possível que você sinta uma sensação subjetiva de energia irradiando desse ponto para o corpo. Muitas pacientes descrevem essa sensação como algo bastante agradável. Não se preocupe se não sentir nada; nem todos a sentem. O principal objetivo é aliviar os seus sintomas de TPM.
5. Respire suavemente enquanto estiver fazendo cada exercício.
6. O ponto que você deverá pressionar é mostrado nas fotos que acompanham o texto. Todos esses pontos correspondem a pontos específicos dos meridianos de acupressura.
7. Você pode massagear esses pontos uma ou mais vezes por dia, na época em que sente os sintomas de TPM. E também pode começar a massagear os pon-

tos de acupressura um dia ou dois antes da época em que você prevê a chegada dos sintomas.

Os exercícios

Exercício 1:
Equilíbrio geral dos caminhos de energia

Esta seqüência de pontos equilibra o fluxo de energia do corpo inteiro e beneficia todos os meridianos. É a mais calmante de todas as seqüências, porque age diretamente sobre a coluna e o cérebro. Ela equilibra todo o sistema nervoso. É excelente para ajudar a aliviar a ansiedade, as oscilações do humor e a irritabilidade que parecem afetar mais de 80% das mulheres com TPM.

Este exercício alivia a dor de cabeça e também é útil para equilibrar a energia do sistema reprodutor.

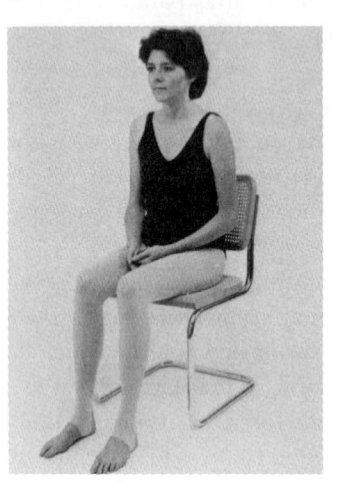

1 Sente-se ereta numa cadeira. Sustente cada uma das seguintes etapas por 1 a 3 minutos.

2 A mão esquerda sustenta o ponto localizado logo abaixo da base do esterno.
A mão direita sustenta o ponto localizado 5cm abaixo do umbigo.

3 A mão esquerda não se move.
A mão direita sustenta o ponto localizado no alto do osso púbico.

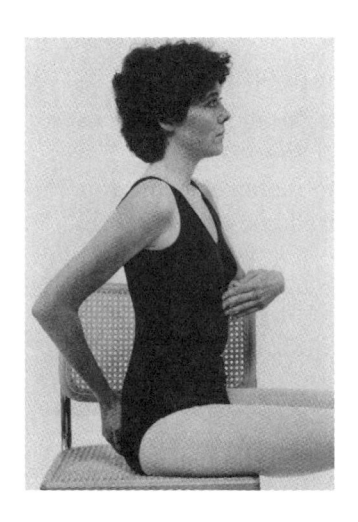

4 A mão esquerda se mantém sobre o ponto localizado logo abaixo da base do esterno.
A mão direita sustenta o ponto localizado na base do cóccix.

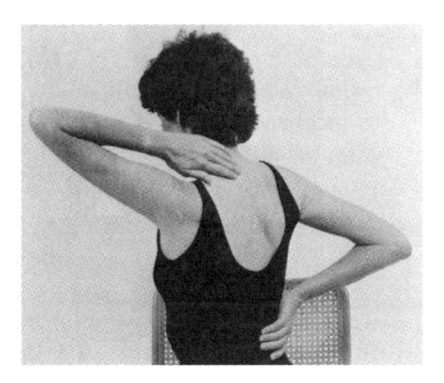

5 A mão esquerda sustenta o ponto localizado abaixo da grande vértebra na base do pescoço.
A mão direita é colocada 2,5cm acima da cintura, sobre a coluna vertebral.

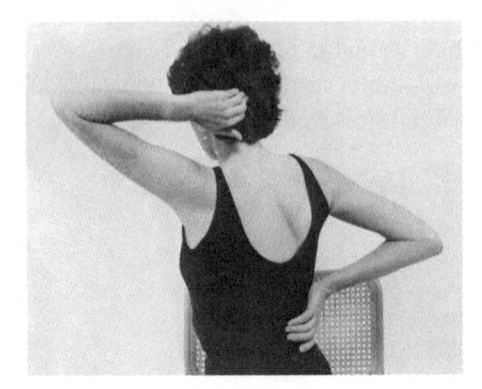

6 A mão esquerda sustenta o ponto da coluna vertebral, onde esta encontra a base do crânio.
A mão direita se mantém 2,5cm acima da cintura, sobre a coluna vertebral.

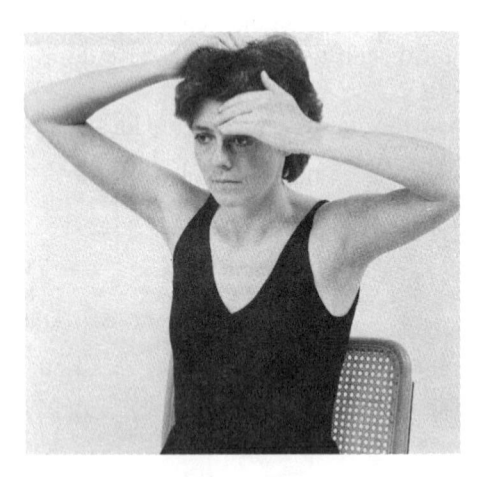

7 A mão esquerda se move para o ponto localizado entre as sobrancelhas.
A mão direita sustenta o ponto localizado no alto da cabeça.

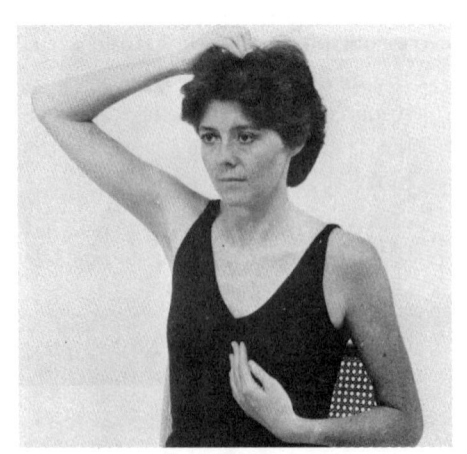

8 A mão esquerda sustenta o ponto localizado entre os mamilos, sobre o esterno.
A mão direita se mantém no ponto localizado no alto da cabeça.

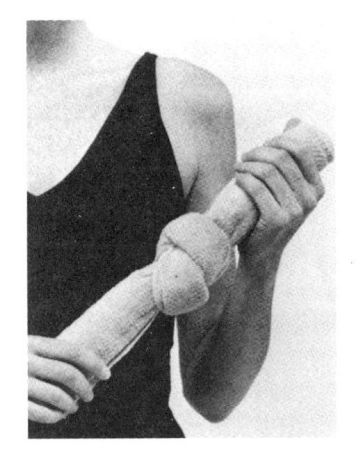

Exercício 2:
Equilibra todo o sistema reprodutor

Este exercício alivia todas as queixas menstruais, equilibra a energia do sistema reprodutor feminino e atenua a dor na região do sacro e o desconforto abdominal.

Acessório: Este exercício utiliza uma toalha de rosto na qual se deu um nó, para pressionar as áreas das costas de difícil alcance. Coloque o nó da toalha nesses pontos, enquanto suas mãos estiverem em outros pontos. Este acessório vai aumentar sua capacidade de desbloquear os caminhos de energia do seu corpo.

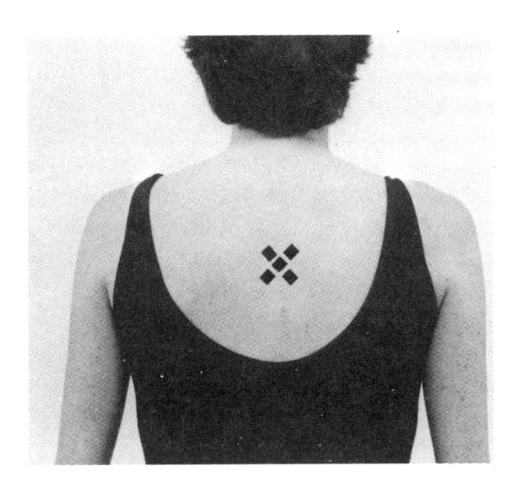

1 Deite-se no chão com os joelhos flexionados. Ao se deitar, coloque a toalha entre as escápulas, com o nó tocando o ponto da coluna mostrado acima. Sustente cada uma das etapas seguintes por 1 a 3 minutos.

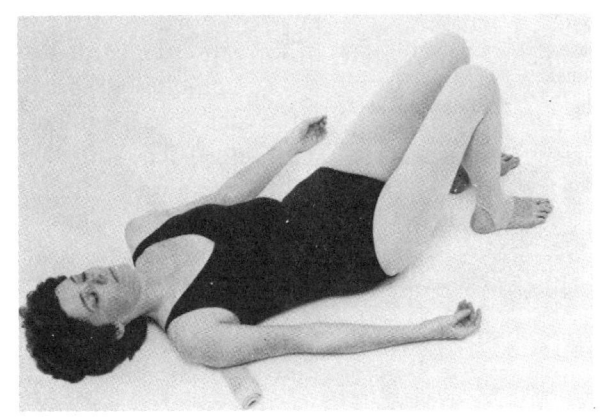

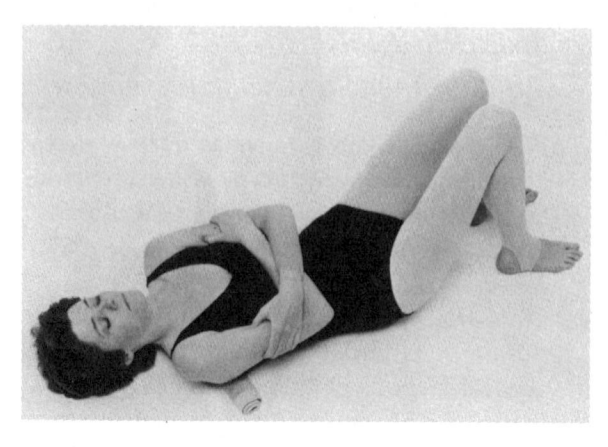

2 Cruze os braços sobre o peito. Pressione os polegares contra a parte interna dos braços esquerdo e direito.

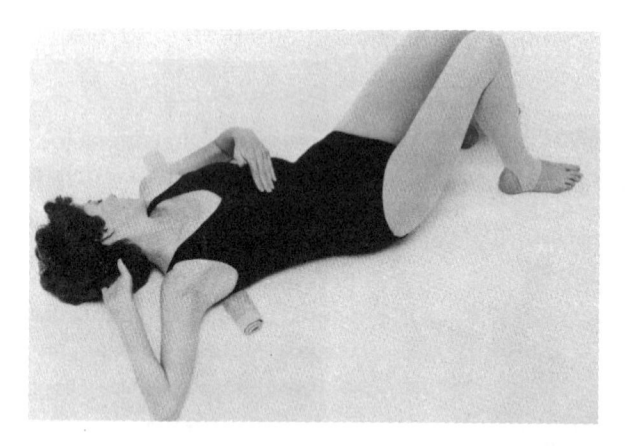

3 A mão esquerda sustenta o ponto localizado na base do esterno.
A mão direita sustenta o ponto localizado na base da cabeça (na junção da coluna e do crânio).

4 Entrelace os dedos. Coloque-os abaixo dos seios. As pontas dos dedos devem pressionar diretamente o seu corpo.

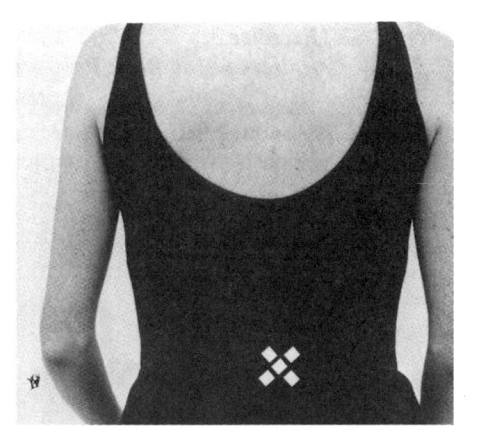

5 Mova a toalha com o nó ao longo da coluna, até a linha da cintura.

6 A mão esquerda deve ser colocada no alto do osso púbico, pressionando para baixo.
A mão direita sustenta o ponto localizado no cóccix.

Exercício 3:
Alivia as cólicas e a dor na região do sacro

Este exercício alivia as cólicas menstruais e a dor na região do osso sacro, porque equilibra os pontos do meridiano da bexiga. Também equilibra a energia dos órgãos reprodutores.

1 Sente-se no chão e apóie as costas contra a parede ou um móvel pesado. Sustente cada uma das etapas seguintes por 1 a 3 minutos.

 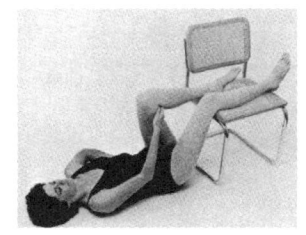

Método alternativo: Deite-se no chão e coloque as pernas sobre o assento de uma cadeira. Siga os exercícios a partir dessa posição.

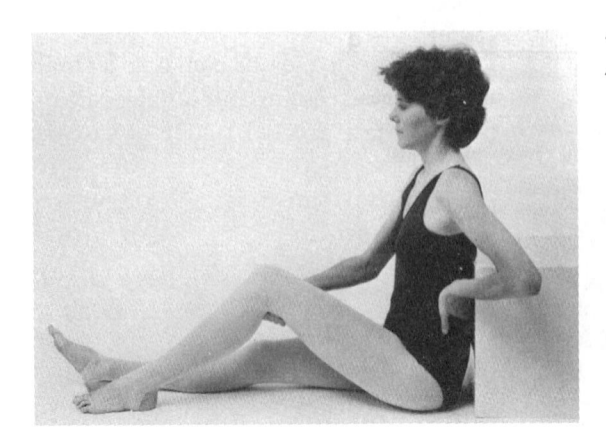

2 Coloque a mão esquerda 2,5cm acima da cintura, sobre o músculo localizado no lado esquerdo da coluna (você sentirá esse músculo firme como uma corda).
Coloque a mão direita na dobra do joelho esquerdo.

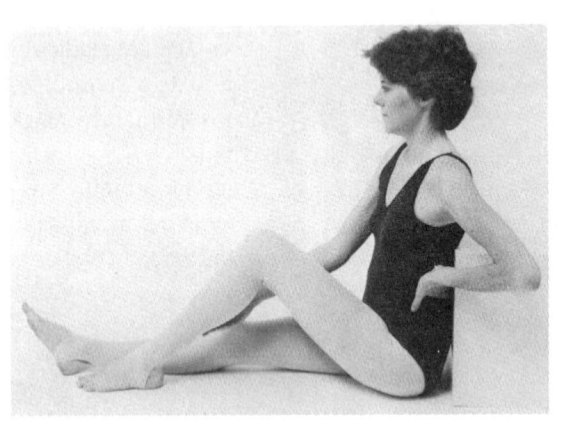

3 A mão esquerda se mantém na mesma posição.
A mão direita é colocada no centro da parte posterior da panturrilha esquerda (logo abaixo da parte mais saliente da barriga da perna).

4 A mão esquerda se mantém 2,5cm acima da cintura, sobre o músculo localizado no lado esquerdo da coluna.
A mão direita é colocada logo abaixo do osso do tornozelo, no lado de fora do calcanhar esquerdo.

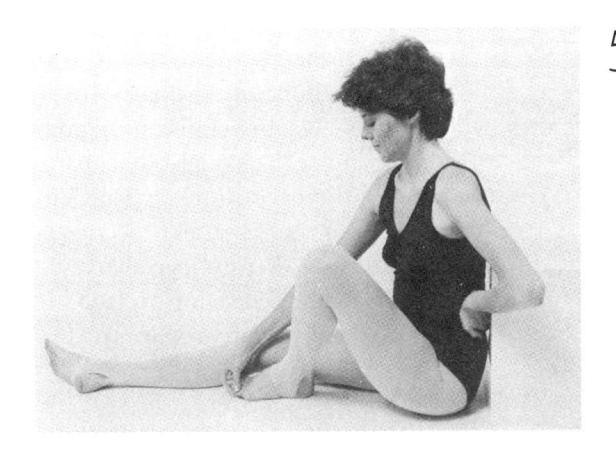

5 A mão esquerda se mantém 2,5cm acima da cintura, sobre o músculo localizado no lado esquerdo da coluna.
A mão direita sustenta a frente e as costas do dedo mínimo esquerdo, na altura da unha.

Exercício 4:

Alivia cólica, inchaço, retenção de líquidos, ganho de peso

Esta seqüência de pontos de acupressura equilibra o fluxo de energia do meridiano do baço. É eficaz para o alívio das cólicas menstruais. Ameniza o inchaço e a retenção de líquidos, e ajuda a minimizar o ganho de peso no período pré-menstrual.

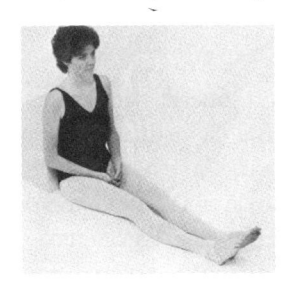 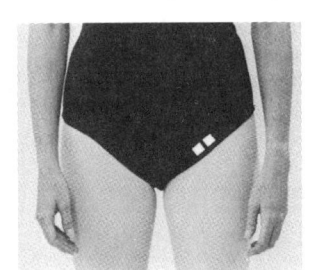

1 Sente-se no chão e apóie as costas contra uma cadeira, ou deite-se com as pernas sobre o assento de uma cadeira. Sustente cada uma das etapas seguintes por 1 a 3 minutos.

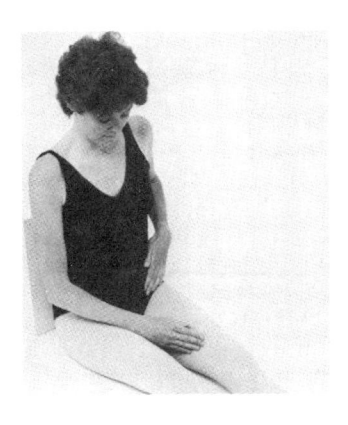

2 A mão esquerda é colocada na curva da virilha, onde você dobra a perna, a 1/3 ou metade do caminho entre o osso do quadril e a borda externa do osso púbico.
A mão direita sustenta um ponto localizado de 5 a 7,5cm acima do joelho.

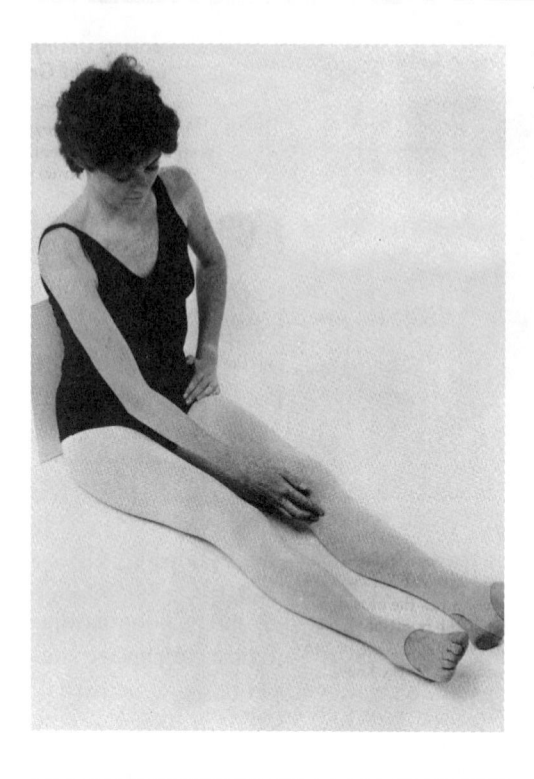

3 A mão esquerda se mantém na dobra da virilha.

A mão direita sustenta o ponto localizado abaixo da parte interna do joelho. Para encontrar esse ponto, siga a curva do osso logo abaixo do joelho. Sustente o lado de baixo da curva com os dedos.

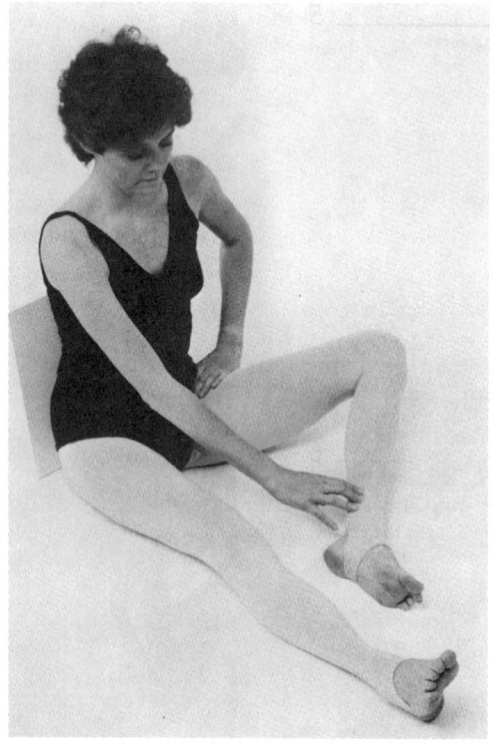

4 A mão esquerda se mantém na dobra da virilha.

A mão direita sustenta o lado interno da tíbia. Para encontrar esse ponto, meça quatro dedos acima do osso do tornozelo; o ponto está logo acima do primeiro dedo.

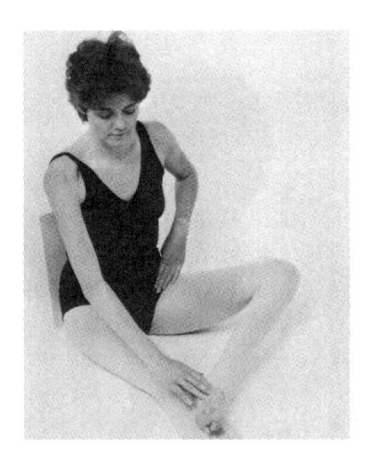

5 A mão esquerda se mantém na dobra da virilha.

A mão direita sustenta a borda do peito do pé. Para encontrar esse ponto, siga o osso do dedão do pé até chegar a um pequeno osso saliente.

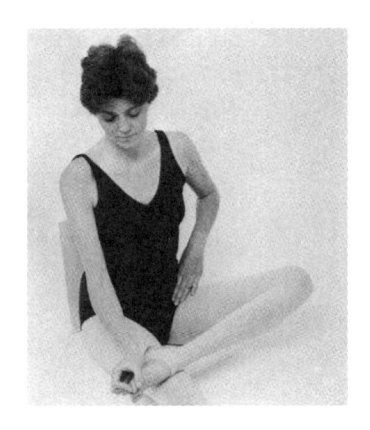

6 A mão esquerda se mantém na dobra da virilha.

A mão direita sustenta o dedão do pé, sobre a unha, na frente e nas costas.

Exercício 5: Alivia a náusea

Este exercício alivia a náusea pré-menstrual, que geralmente ocorre juntamente com as cólicas e a dor na região do sacro.

1 Deite-se ou sente-se no chão. Sustente cada uma das etapas seguintes por 1 a 3 minutos.

2 Coloque o dedo indicador esquerdo no umbigo, ligeiramente apontado na direção da cabeça.
A mão direita sustenta o ponto localizado na base da cabeça (ver p.150).

Exercício 6: Atenua a acne

Este exercício atenua a acne e ajuda a aliviar as erupções cutâneas.

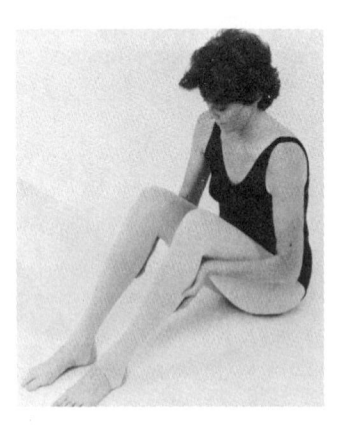

1 Sente-se no chão com os joelhos flexionados. Sustente cada uma das etapas seguintes por 1 a 3 minutos.

2 A mão esquerda sustenta a panturrilha esquerda.
A mão direita sustenta a panturrilha direita.

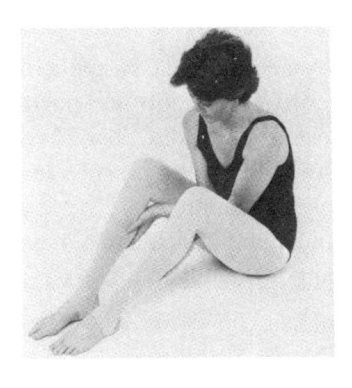

3 Cruze os braços. A mão esquerda sustenta a panturrilha direita.
A mão direita sustenta a panturrilha esquerda.

Exercício 7:
Alivia a depressão, a dor de cabeça, o enrijecimento do pescoço e dos ombros e a hipoglicemia

O pescoço e os ombros geralmente carregam muita tensão. O enrijecimento nessa região pode agir como um gargalo, impedindo o fluxo de energia no corpo inteiro. É por isso que este exercício energiza o corpo todo. Ele também alivia a depressão.

Um importante ponto de tratamento da hipoglicemia é trabalhado neste exercício. Com isso, reduz-se a compulsão excessiva por açúcar que algumas mulheres observam antes da menstruação.

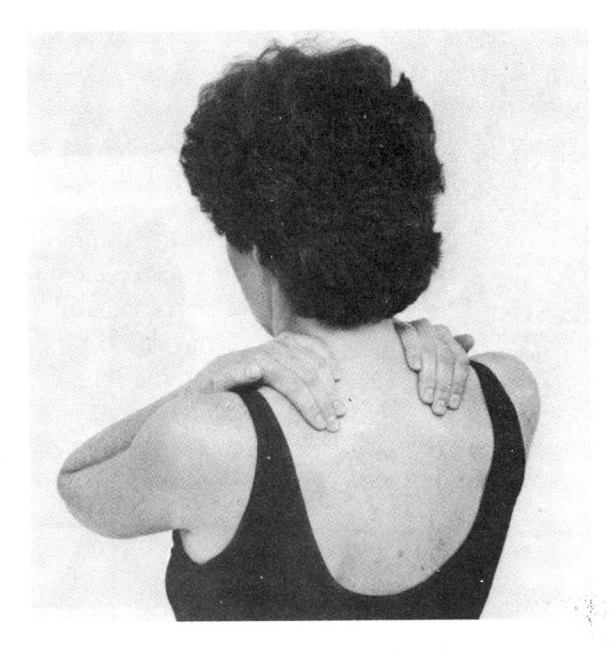

1 Sente-se ou deite-se numa posição confortável. Sustente cada uma das etapas seguintes por 1 a 3 minutos.

2 A mão esquerda sustenta o ponto no alto da escápula, de 2,5 a 5cm ao lado da coluna. Esse ponto está localizado entre a escápula e a coluna. Talvez você o sinta rijo e resistente.
A mão direita sustenta o mesmo ponto no lado direito.

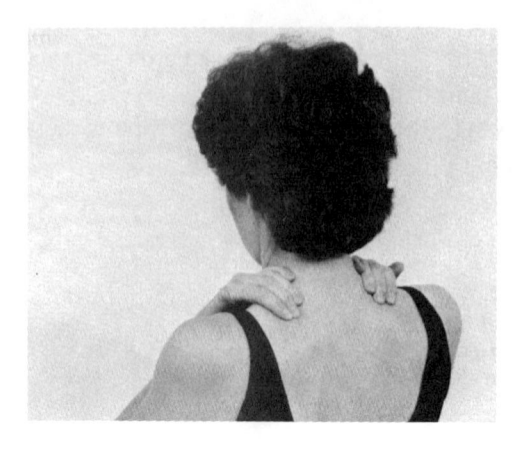

3 A mão esquerda sustenta o ponto localizado na parte posterior do alto do ombro esquerdo, onde o pescoço encontra o ombro.
A mão direita sustenta o mesmo ponto no lado direito.

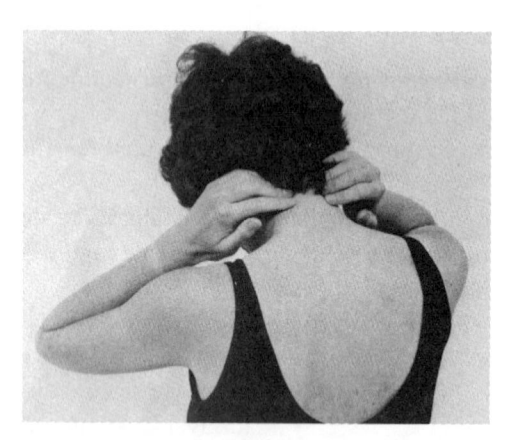

4 A mão esquerda sustenta o ponto localizado na metade do pescoço, com os dedos sobre o músculo próximo à coluna.
A mão direita sustenta o mesmo ponto no lado direito.

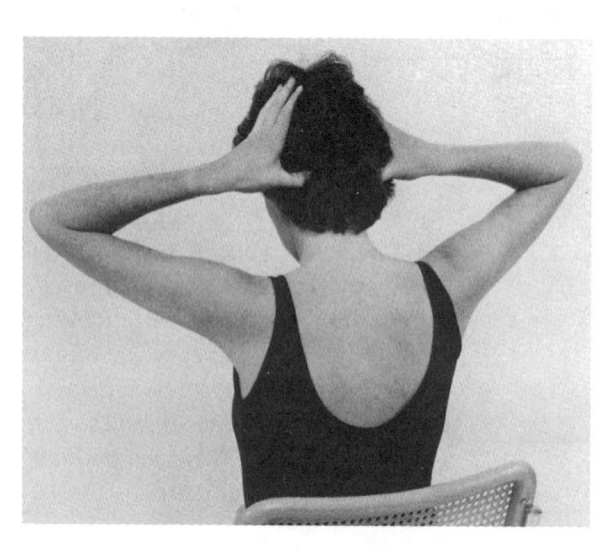

5 A mão esquerda sustenta o ponto localizado na base do crânio, de 2,5 a 5cm a partir da coluna.
A mão direita sustenta o mesmo ponto no lado direito.

Os exercícios certos para os seus sintomas

Os exercícios precedentes podem ser úteis para cada categoria da TPM. Embora todos os exercícios listados para cada grupo de sintomas na tabela das páginas 62 a 64, bem como a tabela abreviada a seguir, possam ser úteis, o exercício mais importante para cada sintoma é aquele que está marcado com um asterisco. Se você não dispõe de muito tempo livre, tente fazer primeiro os exercícios marcados com asterisco. De início, tente todos os exercícios relacionados aos seus sintomas. Você vai achar alguns mais agradáveis de fazer do que outros. É somente pelo método de tentativa e erro que você descobrirá quais os exercícios que lhe trazem mais alívio.

Exercícios de acupressura para os sintomas pré-menstruais

Tipo de TPM	Sintomas	Exercício de acupressura
Tipo A	Ansiedade, irritabilidade, oscilações do humor	1*, 2
Tipo C	Compulsão por açúcar, fadiga, dor de cabeça	1, 2, 7*
Tipo H	Inchaço, ganho de peso, seios doloridos	1, 2, 4*
Tipo D	Depressão, confusão, perda de memória	2, 7*
Acne	Espinhas, pele oleosa, cabelos oleosos	1, 2, 6*
Dismenorréia	Cólicas, dor na região do sacro, náusea, vômitos	1, 2, 3*, 4*, 5*

(*) Estes exercícios são particularmente eficazes.

Nota: Este capítulo foi preparado com a ajuda de Marcia Nelson, co-diretora do BioCentrics Institute. Para informações sobre seus cursos, entre em contato com o BioCentrics Institute, Mountain View, Califórnia.
Você também pode obter informações e gráficos de auto-ajuda na Jin Shin Do Foundation (P.O. Box 1800, Idyllwild, CA 92349), que serve como fonte de referência para terapeutas e instrutores em toda a Europa e Estados Unidos.

CAPÍTULO 15
A massagem dos sistemas neurolinfático e neurovascular

Os pontos de massagem neurolinfáticos

O sistema linfático consiste em minúsculos vasos que conduzem a linfa da periferia do corpo à região do pescoço. Nesse ponto esses vasos se esvaziam nas veias que conduzem ao coração. Os vasos linfáticos agem como um sistema de drenagem, coletando as substâncias tóxicas das células, os glóbulos brancos mortos, as bactérias e outros resíduos. Todos esses resíduos, uma vez transferidos dos vasos linfáticos para a corrente sangüínea, são processados e eliminados do corpo. O fluido linfático se move pelos seus canais por meio de sutis contrações dos dutos linfáticos e dos músculos esqueléticos circundantes.

Se a pessoa sobrecarrega seu sistema linfático, comendo de maneira inadequada ou não se exercitando, o fluido linfático se acumula e provoca congestão em determinada região do corpo. Quem primeiro observou esse fenômeno foi o dr. Frank Chapman, médico osteopata que clinicou no início do século XX. O dr. Chapman descobriu que quando o fluxo de energia para o sistema linfático fica bloqueado, os pontos reflexos que regulam o fluxo da linfa interrompem sua atividade e fecham o sistema sobrecarregado, tal como faz o disjuntor no circuito elétrico. Esses pontos reflexos se localizam basicamente nas costas e no peito. São pequenos, geralmente menores que uma ervilha, de textura granulosa, e podem ser sentidos sobre os grupos musculares.

Quando há bloqueios, aparecem dores e congestão naquela área. O dr. Chapman descobriu que esse fenômeno está relacionado com o sistema orgânico e com disfunções endócrinas. Uma fricção firme nesses pontos pode reduzir substancialmente os sintomas. Você poderá optar por massagear os pontos linfáticos, especialmente se a massagem nos pontos de acupressura não funcionar. Se a causa for uma congestão linfática, em poucos dias a dor terá diminuído. Localize os pontos no seu corpo conforme indicado pelas fotografias a seguir. Massageie com os dedos, firme e profundamente, durante 20 a 30 segundos.

Ponto neurolinfático 1:
Alivia a ansiedade, as oscilações do humor, a irritabilidade, a depressão, a dor nos seios e o inchaço

Massageie por 20 a 30 segundos cada área mostrada nas fotografias.

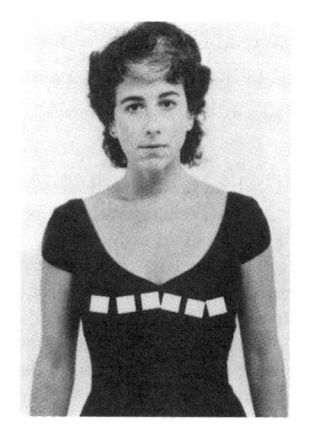 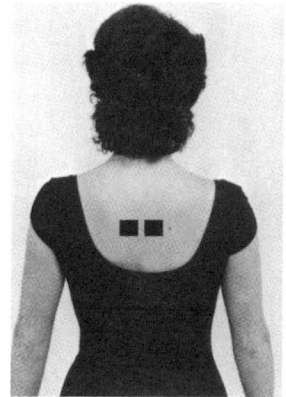

Parte da frente do corpo: A área está localizada entre a quinta e a sexta costelas, estendendo-se do mamilo ao esterno, nos lados direito e esquerdo.

Parte de trás do corpo: A área está localizada a 2,5cm de cada lado da coluna (na altura da quinta, sexta e sétima vértebras).

Procure a área macia entre os ossos e então siga 2,5cm para os lados.

Ponto neurolinfático 2:
Alivia a retenção de líquidos, o ganho de peso e a acne

Massageie por 20 a 30 segundos cada área mostrada nas fotografias.

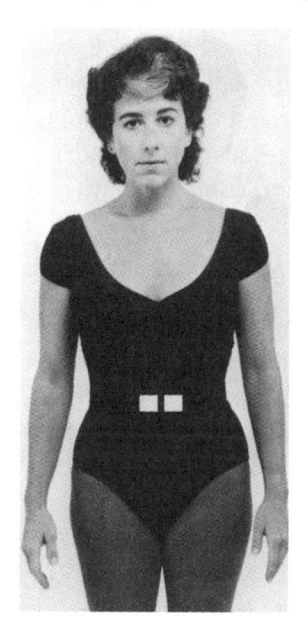 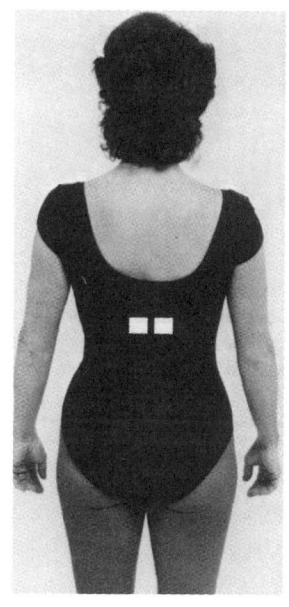

Parte da frente do corpo: A área está localizada a 2,5cm acima do umbigo, estendendo-se 2,5cm para cada lado.

Parte de trás do corpo: A área está localizada a 2,5cm de cada lado da coluna (entre a décima segunda vértebra torácica e a primeira vértebra lombar). Esse local fica logo abaixo da linha das últimas costelas.

Ponto neurolinfático 3:
Utilizado para compulsão por carboidratos, vertigem e fadiga

Massageie por 20 a 30 segundos cada área mostrada nas fotografias.

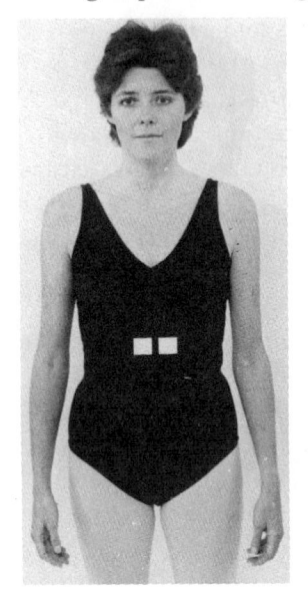 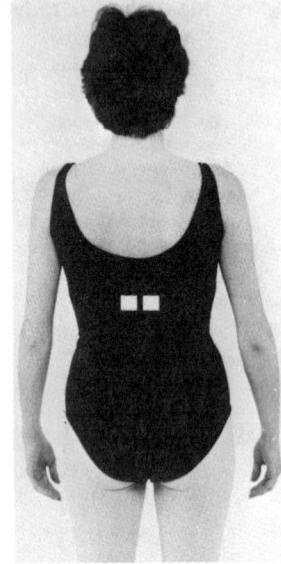

Parte da frente do corpo: A área está localizada a 5cm acima do umbigo e 2,5cm para cada lado.

Parte de trás do corpo: A área está localizada a 2,5cm de cada lado da coluna, na altura das últimas costelas. (É a área entre a décima e décima primeira vértebras torácicas e a décima primeira e décima segunda vértebras torácicas.)

Ponto neurolinfático 4:
Utilizado para compulsão por carboidratos, vertigem e fadiga

Massageie por 20 a 30 segundos cada área mostrada nas fotografias.

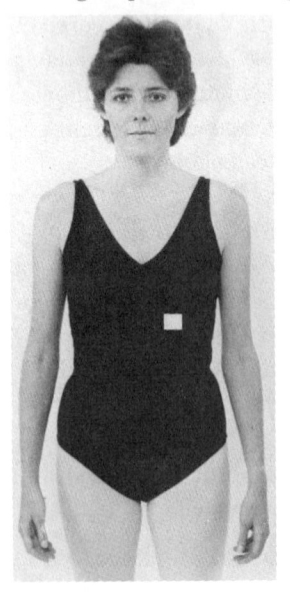 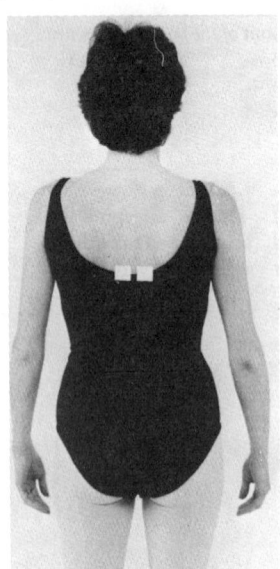

Parte da frente do corpo: A área está localizada no lado esquerdo do peito, entre a sétima e a oitava costelas, de 2,5 a 5cm à esquerda da linha central.

Parte de trás do corpo: A área está localizada a 2,5cm de cada lado da coluna (entre a sétima e a oitava vértebras torácicas).

Ponto neurolinfático 5:
Alivia cólicas e dor na região do sacro

Massageie por 20 a 30 segundos cada área mostrada nas fotografias.

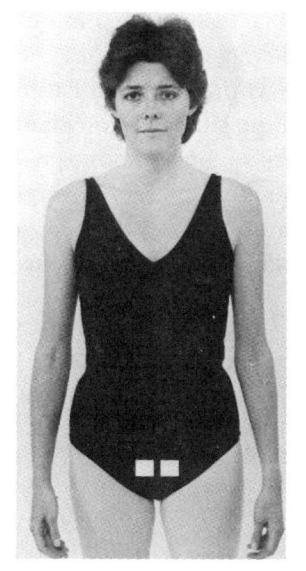 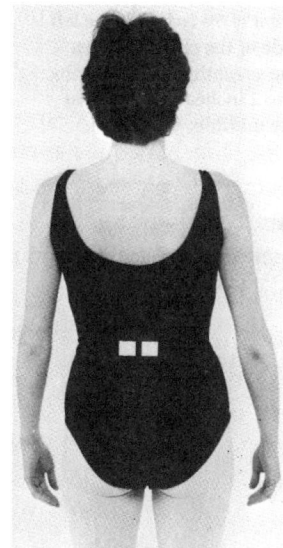

Parte da frente do corpo: Os pontos estão localizados nas bordas superior e interna do osso púbico.

Parte de trás do corpo: A área está localizada a 2,5cm de cada lado da coluna (na borda superior da segunda vértebra lombar).

Os pontos de pressão neurovasculares

Os pontos de pressão neurovasculares foram descobertos por Terrence Bennett, um pioneiro no campo da quiropraxia. Bennett descobriu que o estímulo em áreas da pele por meio de um toque leve podia melhorar a circulação sangüínea nos sistemas orgânicos profundos. Ele observou essas mudanças em muitos pacientes, acompanhando seus órgãos através de um fluoroscópio enquanto a pressão estava sendo aplicada à pele.

Os pontos neurovasculares localizam-se principalmente na cabeça. Eles devem ser tocados levemente com as polpas dos dedos. Depois de sustentar esses pontos por alguns segundos, sente-se uma leve pulsação. Essa pulsação não está ligada à pulsação cardíaca. Acredita-se que se trata da pulsação na camada microcapilar da pele. Esses pontos podem ser pressionados de 25 segundos a 5 minutos, dependendo da gravidade do problema. Para a TPM, seu principal uso está em tratar sintomas relacionados com os distúrbios emocionais.

Ponto neurovascular 1:
Alivia a ansiedade, as oscilações do humor, a irritabilidade, a depressão e a dor de cabeça ligada à tensão

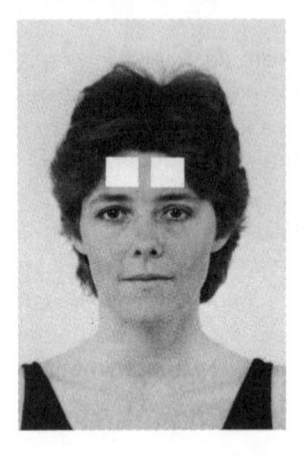

Os pontos podem ser pressionados por até 5 minutos. Concentre-se nos sentimentos ou situações que a estão perturbando. Tente sentir sua perturbação com toda a força possível. Depois de algum tempo, você perceberá que ficou difícil se concentrar no problema. Ele parecerá se desvanecer e você se sentirá muito mais tranqüila ao fim do exercício. Este é o exercício mais importante para o alívio dos distúrbios emocionais.

Eminência frontal: A área está localizada na testa, entre as sobrancelhas e a linha dos cabelos.

Ponto neurovascular 2:
Alivia a ansiedade, as oscilações do humor, a irritabilidade, a depressão e a fadiga

Os pontos podem ser pressionados por até 5 minutos. Pressione até a emoção negativa se desvanecer e até sua energia melhorar.

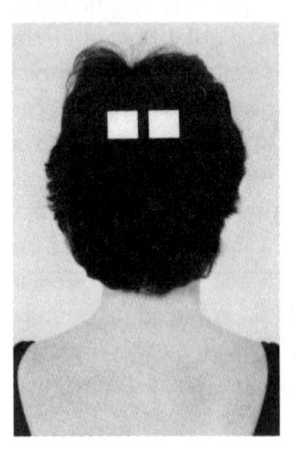

Fontanela parietal: A área está localizada na parte de trás da cabeça, na linha central. (Corresponde ao ponto macio que existe na parte de trás da cabeça do bebê.)

Os pontos certos para os seus sintomas

A tabela a seguir mostra, ao lado dos vários sintomas, os mais importantes pontos de massagem neurolinfáticos e de pressão neurovasculares.

Pontos neurolinfáticos e neurovasculares para os sintomas pré-menstruais

Tipo de TPM	Sintomas	Pontos neurolinfáticos (NL) e neurovasculares (NV)
Tipo A	Ansiedade, irritabilidade, oscilações do humor	NL-1, NV-1, NV-2
Tipo C	Compulsão por açúcar, fadiga, vertigem e dor de cabeça	NL-3, NL-4, NV-2
Tipo H	Inchaço, ganho de peso, seios doloridos	NL-1, NL-2
Tipo D	Depressão, confusão, perda da memória, insônia	NL-1, NV-1, NV-2
Acne	Espinhas, pele oleosa, cabelos oleosos	NL-2
Dismenorréia	Cólicas, dor na região do sacro, náusea, vômitos	NL-5

CAPÍTULO 16
Yoga para a TPM

Aulas de yoga podem ser encontradas em quase toda parte — na televisão, na ACM e centros comunitários da sua cidade e nos institutos especializados. A yoga já se tornou tão "americana" quanto o hambúrguer e a *pizza*, embora tenha nascido na Índia, há milhares de anos. Foi posta por escrito e sistematizada no século III a.C. por Patanjali, sábio hindu. O trabalho de Patanjali constitui uma parte importante da filosofia hinduísta ortodoxa. Seus comentários, amplamente estudados até os dias de hoje, formam a base da yoga atualmente praticada.

A meta tradicional da yoga é a de promover equilíbrio e harmonia em quem a pratica. Feitos de maneira apropriada, os exercícios de yoga promovem a saúde em todos os níveis — físico, mental, emocional e espiritual.

Há diversos sistemas de yoga, cada qual proporcionando saúde por meio de diferentes métodos de exercícios físicos e mentais. Neste capítulo, vamos abordar a prática da *hatha-yoga*, o tipo mais comumente ensinado nas Américas. A *hatha-yoga* baseia-se em exercícios físicos chamados *ásanas* e em exercícios de respiração chamados *pranayamas*. É importante que você focalize as posturas e se concentre nelas. Primeiro, sua mente visualiza a forma do exercício; depois, seu corpo adota a colocação correta da postura. Os exercícios são feitos por meio de lentos e controlados movimentos de alongamento. Essa lentidão permite que você tenha maior controle sobre os movimentos do seu corpo. Você minimiza a possibilidade de lesões físicas e maximiza o benefício dado àquela parte específica do seu corpo, para a qual sua atenção está direcionada.

Como executar a yoga para a TPM

1. A yoga deve ser executada de maneira relaxada e sem pressa. Assegure-se de dispor do tempo adequado (entre 10 e 30 minutos), para não se sentir pressionada. O ambiente para a prática da yoga deve ser silencioso, tranqüilo e ordeiro.

2. Escolha uma área plana e faça os exercícios sobre um tapete ou cobertor, para ter mais conforto.
3. Use roupas soltas e confortáveis. O ideal é você fazer os exercícios sem meias, para dar aos seus pés total liberdade de movimentos e para prevenir escorregões.
4. Esvazie os intestinos e a bexiga antes de começar os exercícios. Deixe passar pelo menos duas horas após as refeições.
5. Tente praticar esses movimentos com regularidade. O ideal é você dedicar alguns minutos por dia a eles, especialmente se tiver TPM. Se isso não for possível, tente praticá-los em dias alternados.
6. Preste muita atenção às instruções iniciais, sempre que começar um exercício. Observe o posicionamento do corpo que é mostrado nas fotos. Isso é muito importante: se você praticar a postura da maneira apropriada, é muito provável que encontre alívio para a TPM.
7. Tente visualizar a postura na mente e depois siga o posicionamento apropriado do corpo.
8. Mova-se lentamente durante a postura. Isso ajudará a dar flexibilidade aos seus músculos e impedirá lesões físicas.
9. Siga as instruções sobre a respiração dadas em cada exercício. Um ponto da maior importância: nunca prenda a respiração. Deixe sempre a sua respiração fluir. É importante que você faça sua respiração seguir o ritmo do posicionamento do corpo na postura.
10. Sempre descanse alguns minutos depois de fazer os alongamentos da yoga.
11. Não desanime se você não conseguir fazer tanto quanto a moça que serviu de modelo para as nossas fotos.

Exercícios de aquecimento

Esses exercícios devem ser feitos na primeira ou segunda semanas do seu programa. Os aquecimentos promovem a flexibilidade e a mobilidade em todo o corpo. Eles a prepararão para os exercícios específicos que você vai usar para ajudar a corrigir a TPM. Experimente, pelo menos uma vez, cada um destes exercícios de aquecimento. E depois estabeleça a sua própria rotina. Talvez você queira fazer todos os seis exercícios regularmente, ou talvez apenas alguns deles. Os aquecimentos sempre devem preceder os exercícios corretivos da TPM.

Alongamento 1: Expansão do peito

Este exercício promove a circulação na metade superior do corpo e a energiza e estimula. Também solta e alonga os músculos tensos na parte superior do corpo, especialmente nos ombros e nas costas, e expande os pulmões.

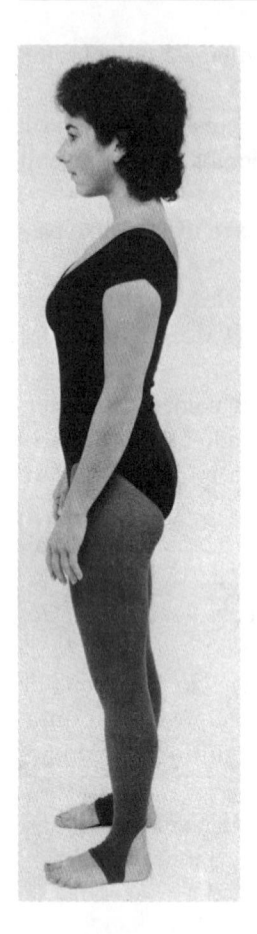

1 Fique de pé, à vontade. Os braços devem cair soltos ao longo do corpo. Mantenha os pés separados por uma distância igual à dos quadris.

2 Estenda os braços para a frente até as palmas das mãos se tocarem.

3 Leve os braços para trás, lenta e graciosamente, até as mãos se entrelaçarem nas suas costas. Exale o ar e, depois, estenda bem para trás os braços e as mãos entrelaçadas, indo o mais que puder sem sentir desconforto. Lembre-se de permanecer com o corpo ereto; não se incline para a frente. Inspire profundamente, sentindo o ar encher seu peito.

4 Inale o ar profundamente e dobre o corpo para trás, a partir da cintura. Conserve as mãos entrelaçadas e os braços bem estendidos. Incline um pouco a cabeça para trás e olhe para cima, relaxando os ombros e a nuca. Mantenha essa posição por alguns segundos.

5 Prendendo a respiração, dobre o corpo para a frente a partir dos quadris e traga os braços, com as mãos ainda entrelaçadas para a frente. Relaxe os músculos do pescoço e conserve os joelhos retos. Mantenha essa posição por alguns segundos.

6 Exale o ar enquanto volta à posição inicial. Solte as mãos e deixe os braços repousarem confortavelmente ao lado do corpo. Repita três vezes toda a seqüência.

Alongamento 2: Alongamento de braços e pernas

Este exercício alivia a tensão nos quadris e nos ombros, fortalece as pernas e as costas, e ajuda no equilíbrio.

1 Fique de pé confortavelmente, com os braços caídos ao lado do corpo.

Lentamente, levante o braço direito acima da cabeça. Desloque o peso do corpo para a perna direita.

Segure o tornozelo esquerdo com a mão esquerda, dobrando a perna na altura do joelho. Você ficará equilibrada apoiando-se na sua perna direita.

2 Suavemente, alongue as costas, levando a mão direita um pouco para a frente e puxando um pouco a perna esquerda para cima e para longe do seu corpo. Esse movimento deve ser feito com toda a lentidão. O braço esquerdo permanece reto, para abrir o ombro.

Retorne lentamente à posição inicial de repouso. Repita o exercício com o outro pé.

Alongamento 3: Rotação do pescoço

Este exercício alivia o enrijecimento e tensão no pescoço, lubrifica as vértebras e fortalece os músculos do pescoço. Você pode repetir este exercício várias vezes por dia se o seu pescoço for especialmente enrijecido. É possível que você, de início, ouça um som rascante. Esse som costuma acompanhar músculos enrijecidos e contraídos. Ao fazer este exercício, visualize seu pescoço balançando lenta e docemente sobre rolamentos de esfera.

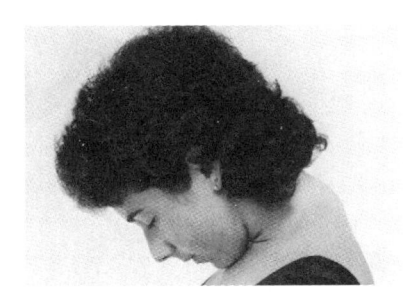

1 Sente-se numa cadeira, com os ombros e os braços relaxados. Primeiro, inspire profundamente; depois, exale o ar e deixe sua cabeça inclinar-se completamente para a frente até o peito, mantendo a coluna ereta. Mantenha essa posição por algumas respirações.

2 Exale o ar e leve sua orelha direita até o ombro direito, mantendo-o completamente relaxado. Mantenha essa posição por algumas respirações.

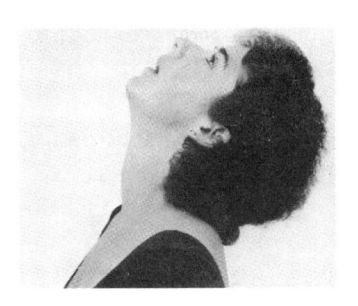

3 Exale o ar e deixe sua cabeça cair para trás, mantendo a coluna reta e os ombros relaxados. Mantenha essa posição por algumas respirações.

4 Leve sua orelha esquerda até o ombro esquerdo, mantendo-o completamente relaxado. Mantenha essa posição por algumas respirações.

Traga a cabeça de volta à posição inicial, mantendo o queixo apontado para a frente. Repita o exercício, lentamente, movendo a cabeça na direção oposta.

Alongamento 4: Balanceio das costas

Este exercício massageia todo o pescoço e a coluna, e dá flexibilidade à coluna vertebral. Ele vai revigorar e energizar você, reduzindo a fadiga.

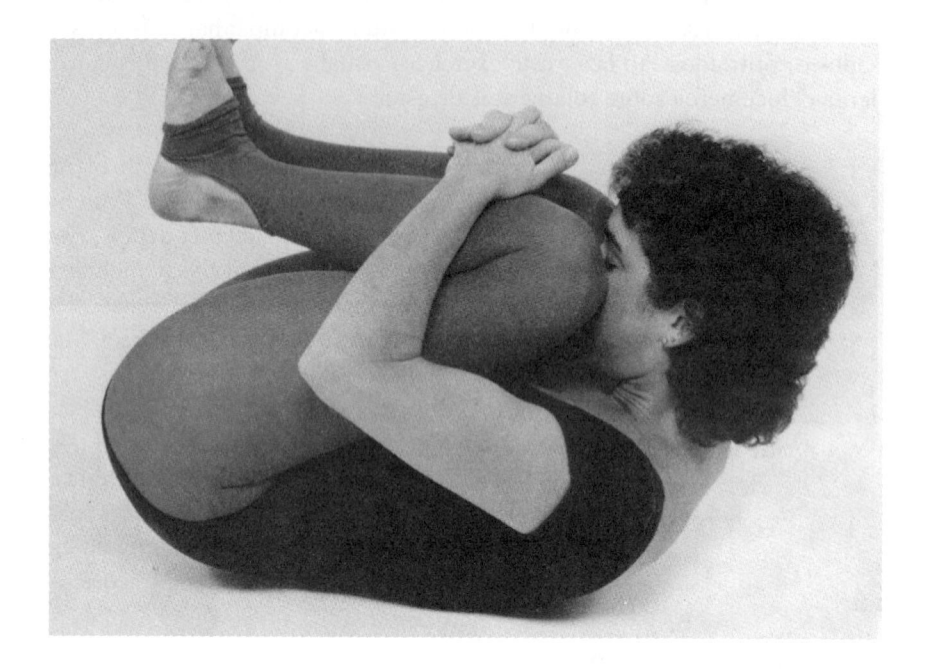

1 Deite-se de costas no chão. Dobre os joelhos e traga-os até o peito, prendendo-os com as mãos. Os dedos devem se entrelaçar logo abaixo dos joelhos.

2 Levante a cabeça na direção dos joelhos e, suavemente, balance para a frente e para trás, sobre a coluna curvada. Observe a harmonia de suas costas e de seus ombros. Conserve o queixo entre os joelhos enquanto faz esse balanço. Evite balançar muito para trás, sobre o pescoço.
Balance para a frente e para trás de 5 a 10 vezes.

Alongamento 5: Pernas para o alto

Este exercício fortalece as costas e os músculos abdominais, melhora a circulação sangüínea em toda a pelve, e acalma a ansiedade e o nervosismo.

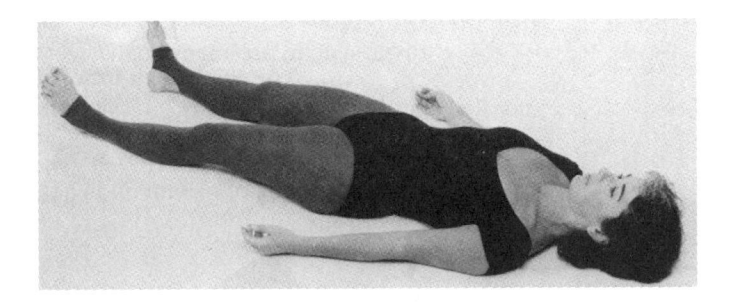

1 Deite-se de costas e pressione a curvatura lombar contra o chão. Isso faz com que você use os músculos abdominais sem tensionar a parte inferior das costas.

2 Levante lentamente a perna direita, enquanto inspira. Conserve as costas apoiadas no chão, permitindo que o resto do seu corpo fique relaxado. Movimente a perna com toda a lentidão; imagine que ela está sendo puxada para cima por uma mola. Não faça movimentos bruscos com a perna. Mantenha essa posição por algumas respirações.
Abaixe a perna e expire.
Repita o exercício com a perna esquerda. Depois, sempre alternando as pernas, repita o exercício de 5 a 10 vezes.

Alongamento 6: Flexão da coluna

Este exercício enfatiza o movimento pélvico mais livre, com respiração controlada; energiza e rejuvenesce o aparelho reprodutor feminino; e tonifica os órgãos abdominais (pâncreas, fígado e supra-renais). Também ajuda a aliviar a vertigem e a compulsão pré-menstrual por carboidratos. Pode ainda ajudar a aliviar a acne pré-menstrual.

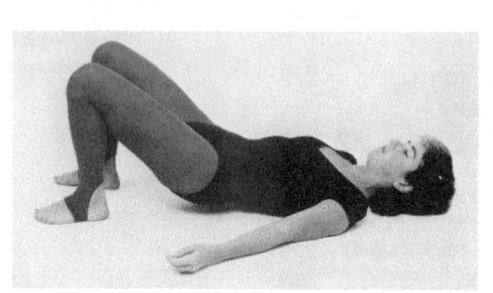

1 Deite-se de costas com os joelhos dobrados e os pés apoiados no chão, próximos às nádegas.

2 Exale o ar e pressione a parte inferior das costas contra o chão, levantando levemente as nádegas.

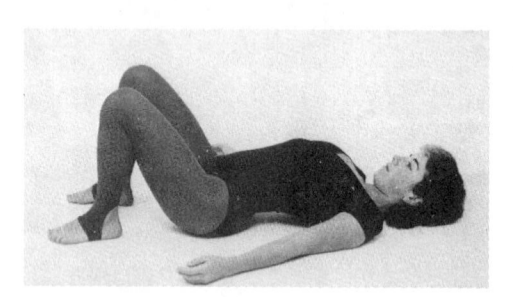

3 Arqueie levemente as costas.

4 Inale o ar e levante do chão a parte inferior das costas. Isso alonga a região que vai do esterno até a pelve.

Repita 10 vezes este exercício. Sempre eleve o umbigo durante a inspiração. E, ao expirar, sempre alongue a coluna e pressione a parte inferior das costas contra o chão.

Alongamentos para aliviar a TPM

Estes exercícios devem ser feitos depois que você dominar a arte dos exercícios de aquecimento. Você pode começar a fazê-los na segunda semana do seu programa (ou na terceira semana, se você preferir obedecer a um ritmo mais lento). Estes exercícios energizam todo o aparelho feminino e aliviam os problemas na parte inferior das costas. Também aliviam alguns sintomas específicos da TPM.

Alongamento 7: "Cão de cabeça para baixo"

Este exercício alivia a dor na parte inferior das costas e fortalece a coluna. Melhora a circulação sangüínea na região pélvica e estimula a expansão do peito e a elasticidade dos pulmões. Também eleva o humor e pode ajudar a atenuar a depressão.

1 Deite-se de bruços no chão, isto é, com a cabeça voltada para baixo. Apóie as palmas das mãos no chão, sob os ombros, com os dedos retos e apontando para a frente.

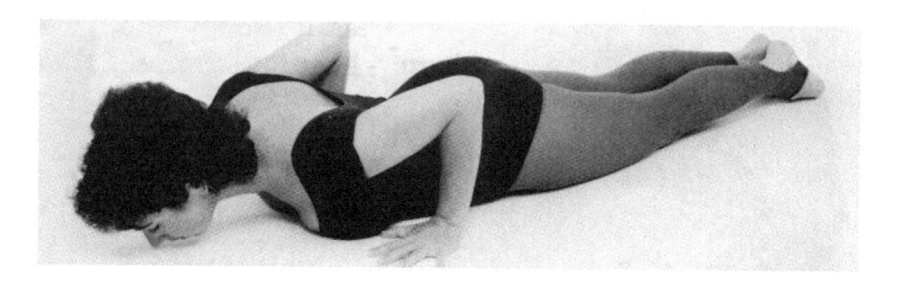

2 Ao inalar o ar, erga a cabeça e o tronco, alongando a frente do corpo e curvando a coluna na forma de um "C" delicado. Certifique-se de que seus cotovelos estão retos. Evite curvar os ombros. Seus quadris e joelhos se afastam ligeiramente do chão. Suas pernas ficam retas, com os calcanhares pressionando para trás a fim de ajudar a alongar a coluna. O peso do corpo repousará somente sobre as mãos e os dedos dos pés. Mantenha essa postura por 30 segundos a um minuto, respirando profundamente. A coluna, as coxas e as panturrilhas devem ficar totalmente alongadas e as nádegas, contraídas.

Dobre os cotovelos, aliviando o alongamento. Retorne à posição inicial e repouse durante um minuto.

Alongamento 8: "O gafanhoto"

Este exercício fortalece a parte inferior das costas, o abdome, as nádegas e as pernas, e também previne cólicas e dor na região do sacro. Ajuda a reduzir o peso nas coxas e quadris, fortalecendo e firmando a pele nessas áreas. Também energiza todo o aparelho reprodutor feminino, a tiróide, o fígado, os intestinos e os rins.

1 Deite-se no chão de rosto para baixo. Feche as mãos e coloque-as sob os quadris. Isso impede que você comprima a região lombar da coluna enquanto faz este exercício.

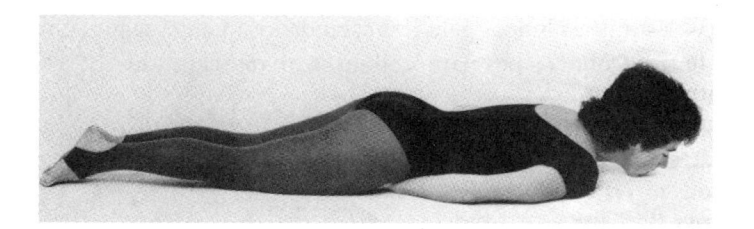

2 Estique o corpo e levante a perna direita com um impulso o mais alto que puder, mantendo os quadris sobre às mãos. Se possível, mantenha essa posição por 5 a 20 segundos.

Baixe a perna e lentamente retorne à posição inicial. Repita com a perna esquerda e depois com as duas pernas juntas. Lembre-se de conservar os quadris sempre repousados sobre as mãos.

Alongamento 9: "O arco"

Este exercício alonga toda a coluna e ajuda a aliviar as cólicas e a dor na região do sacro. Alonga os músculos abdominais e fortalece as costas, os quadris e as coxas. Também estimula os órgãos digestivos e as glândulas endócrinas. Pode ajudar a atenuar a compulsão por açúcar, a pele oleosa e a acne. E, finalmente, alivia a depressão, a fadiga e a letargia, melhorando sua energia e melhorando seu humor.

1 Deite-se no chão com o rosto para baixo e os braços repousando ao longo do corpo.

Lentamente, dobre as pernas na altura dos joelhos e leve os pés na direção das nádegas. Estique os braços para trás e, cuidadosamente, segure um pé e depois o outro. Dobre os pés para facilitar o ato de segurá-los.

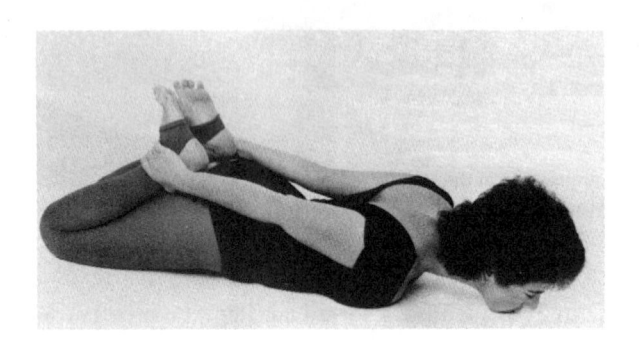

2 Inale o ar e erga o tronco do chão o máximo que puder. Erga a cabeça e também levante os joelhos do chão. Comprima as nádegas. Imagine que seu corpo se assemelha à graciosa curvatura de um arco. Mantenha essa

posição por 10 a 15 segundos. Amarrar os joelhos com um laço frouxo pode ajudá-la a fazer este exercício.

Desfaça essa postura lentamente. Deixe seu queixo tocar o chão e, finalmente, solte os pés e faça-os voltar bem devagar ao chão. Volte à posição inicial.

Alongamento 10: Postura da criança

Este exercício alonga suavemente a parte inferior das costas. É excelente para acalmar a ansiedade e a irritabilidade. Também alivia as cólicas menstruais.

1 Sente-se sobre os calcanhares. Incline a testa até o chão, alongando a coluna e levando a cabeça o mais longe possível. Feche os olhos. Mantenha essa posição enquanto for confortável.

Alongamento 11: Postura do ângulo aberto

Este exercício abre toda a região pélvica, energiza o aparelho reprodutor feminino e alivia o inchaço e a retenção de líquido nas pernas e nos pés.

1 Deite-se de costas, com as pernas apoiadas contra uma parede e abertas num "V" ou num arco, e os braços estendidos para os lados. Os quadris devem estar o mais próximo possível da parede, com as nádegas apoiadas no chão. As pernas devem ficar tão abertas quanto possível, porém sem grande esforço. Respirando com facilidade, mantenha essa posição por um minuto, permitindo o relaxamento do lado interno das coxas.

2 Junte as pernas e mantenha essa posição por um minuto.

Alongamento 12: "O arado"

Este exercício melhora a elasticidade da coluna, fortalece as costas e relaxa o abdome e o pescoço. Ajuda a reduzir o peso nos quadris, nas coxas, nas pernas e no abdome. Melhora a circulação no cérebro. Também reduz o inchaço e a retenção de líquidos nas pernas e nos tornozelos.

1 Coloque uma cadeira sobre o tapete. Deite-se de costas na frente da cadeira, olhando para cima. Os braços ficam soltos ao lado do corpo, com as palmas das mãos voltadas para baixo, de modo a fazer pressão contra o chão. As pernas ficam juntas.

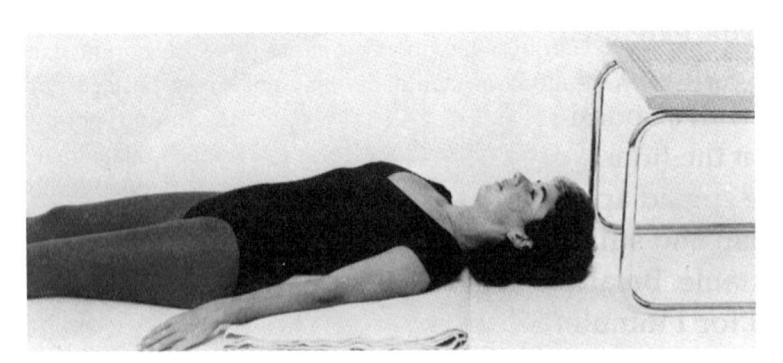

2 Lentamente, erga as pernas e os quadris acima da cabeça, até os dedos do pé tocarem a cadeira. Esse movimento não deve ser brusco; você pode dobrar os joelhos se necessário. (Na sua forma tradicional, este exercício pede que você leve as pernas e os quadris sobre a cabeça até os dedos dos pés tocarem o chão; mas essa forma pode ser prejudicial para as mulheres com TPM, pois elas geralmente têm uma concavidade nas costas.) Levante a coluna alongando os músculos das costas tanto quanto possível. Este exercício irá aliviar a compressão na região lombar da coluna.

Para sair dessa postura, dobre os joelhos e, lentamente, role sobre as costas. Volte à posição inicial.

Alongamento 13: "A esponja"

Este exercício alivia a ansiedade e a irritabilidade, além de reduzir a tensão nos olhos e o inchaço do rosto. Colocando uma toalha enrolada sob os joelhos, este exercício atenua as cólicas menstruais e a dor na região do sacro.

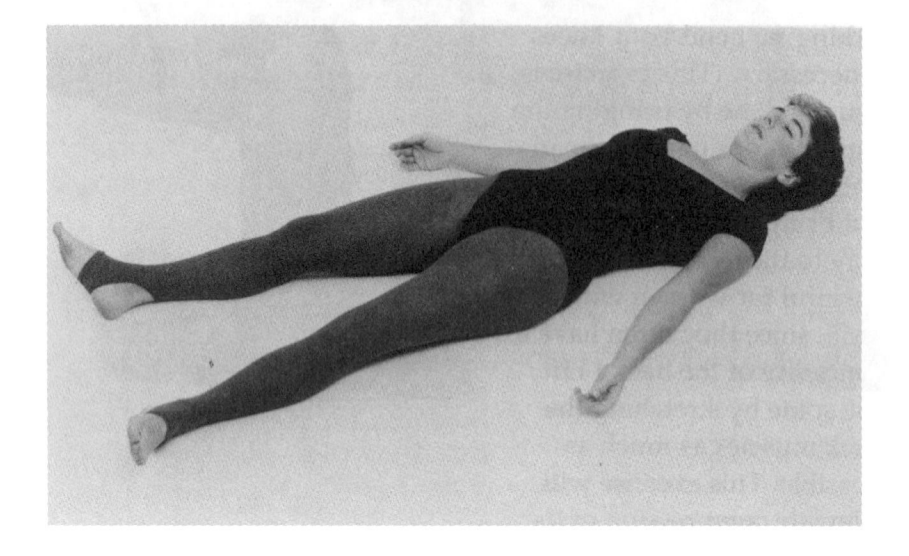

1 Deite-se de costas. Os braços devem estar soltos ao lado do corpo e as palmas das mãos voltadas para cima. Feche os olhos e relaxe o corpo todo. Inale o ar lentamente, respirando a partir do diafragma. Ao inalar, visualize a energia do ar à sua volta sendo atraída para dentro de todo o seu corpo. Imagine que seu corpo é poroso e receptivo, como uma esponja, de modo que essa energia pode ser absorvida revitalizando cada uma das suas células. Exale o ar, lenta e profundamente, deixando que cada grama de tensão seja retirada do seu corpo.

Os alongamentos certos para os seus sintomas

Os exercícios precedentes podem ser úteis para cada uma das categorias de TPM. Antes de fazer os exercícios corretivos específicos, recomendo que você passe a primeira ou as duas primeiras semanas do seu programa fazendo os exercícios de aquecimento. Eles se destinam a tonificar e a aumentar a flexibilidade de todo o seu corpo. Determine quais os exercícios de aquecimento que mais lhe agradam e pratique-os com regularidade, todos os dias ou em dias alternados.

A partir da segunda ou terceira semanas, os aquecimentos podem ser seguidos dos exercícios específicos para eliminar a TPM. Para sua conveniência, os exercícios estão listados abaixo segundo os sintomas sobre os quais agem.

Tipo de TPM	Sintomas	Exercício de aquecimento ou de yoga
Tipo A	Ansiedade, irritabilidade, oscilações do humor	Pernas para o alto, Postura da criança, "A esponja"
Tipo C	Compulsão por açúcar, fadiga, dor de cabeça	Flexão da coluna, "O arco"
Tipo H	Inchaço, ganho de peso, seios doloridos	Postura do ângulo aberto, "O arado", "A esponja"
Tipo D	Depressão, confusão, perda da memória	"Cão de cabeça para baixo", "O arco"
Acne	Espinhas, pele oleosa, cabelos oleosos	Flexão da coluna, "O arco"
Dismenorréia	Cólicas, dor na região do sacro, náusea, vômitos	Alongamento de braços e pernas, Pernas para o alto, "O gafanhoto", "O arco", Postura da criança, "O arado", "A esponja"

Nota: Este capítulo foi preparado com a ajuda de Rose Bank, co-diretora do Bio-Centrics Institute, em Mountain View, Califórnia. Para obter informações sobre seus cursos, você pode entrar em contato com o BioCentrics Institute, 650 Castro St., Room 5, Mountain View, CA 94041.

CAPÍTULO 17
Medicamentos para o tratamento da TPM

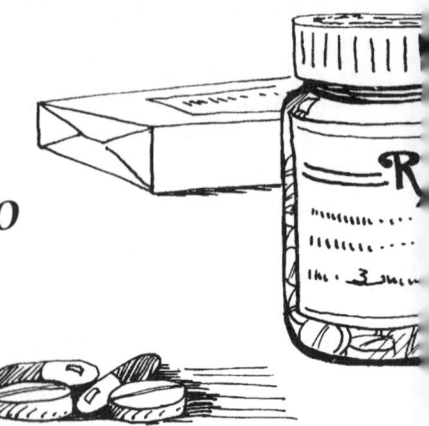

Deixei para o final o tratamento da TPM com medicamentos porque este é um livro de auto-ajuda. Mas pode ser que você, com sintomas graves de TPM, prefira primeiro consultar seu médico e pedir o rápido alívio dos sintomas que os medicamentos podem oferecer. Depois disso, seguindo o programa de auto-ajuda, você será capaz de reduzir bastante as dosagens dos medicamentos e, a menos que seu caso seja muito grave, eliminá-los por completo.

Houve alguns avanços maravilhosos no campo da medicina e da farmacologia. Hoje, temos à nossa disposição tratamentos para certos sintomas de TPM — cólicas e oscilações do humor, em particular — que simplesmente não existiam dez anos atrás. Esses avanços se devem, em parte, ao crescimento do nosso conhecimento sobre os desequilíbrios químicos causados pela TPM.

Medicação antiprostaglandina

Particularmente dignos de nota são os medicamentos que controlam as cólicas menstruais ou a dismenorréia primária. A dismenorréia primária refere-se aos tipos de cólicas nos quais não se descobre nenhuma lesão física causadora da dor. (A dismenorréia secundária, por outro lado, é devida a lesões como fibromas no útero ou ulcerações resultantes de alguma doença pélvica inflamatória.)

Muitas pesquisas têm sido feitas para determinar a causa da dismenorréia primária. Sabe-se, hoje, que ela é causada por desequilíbrios nas prostaglandinas. Estas são substâncias químicas produzidas pela camada que reveste o útero. Seus níveis aumentam antes da menstruação. Há muitos tipos de prostaglandinas, que causam o relaxamento ou a contração do útero. As prostaglandinas de série II são basicamente responsáveis pelas contrações uterinas, enquanto as de série I causam o relaxamento do útero. Quando é produzido um excesso de prostaglandinas, ou quando há um excesso das de série II sobre as de série I, o útero se contrai ativamente demais, causando cólicas e dor.

Felizmente, as prostaglandinas causadoras das cólicas podem ser suprimidas. Descobriu-se que medicamentos usados no tratamento de doenças inflamatórias, como a artrite, inibiam a síntese e a atividade das prostaglandinas. Esses medicamentos incluem o *Indocin*, o *Motrin* e o *Ponstel*, todos eles aprovados pela FDA [Food and Drug Administration, agência norte-americana que controla alimentos e remédios] para o tratamento da dor menstrual e que hoje são amplamente utilizados. Embora esses medicamentos sejam considerados seguros, eles podem ter sérios efeitos colaterais e, como a maioria das drogas, exigem cuidadoso acompanhamento por parte do médico e da paciente.

Progesterona

Hoje em dia, a progesterona é um dos medicamentos mais comumente prescritos para a TPM. Ao contrário da progesterona produzida no próprio organismo da mulher (no corpo lúteo do ovário), a progesterona usada no tratamento da TPM é derivada principalmente de fontes como a soja e o inhame. Embora as pesquisas e os estudos recentes não apóiem a alegação de que a TPM se deve a uma deficiência de progesterona, muitas mulheres (e também seus médicos) sentem que a progesterona oferece um alívio significativo dos sintomas, particularmente dos sintomas emocionais. Ela é útil para muitas mulheres por causa de seus efeitos sedativos e ansiolíticos. Esse fato foi corroborado por uma pesquisa de 1995, publicada no *Journal of Assisted Reproduction and Genetics*. Tal pesquisa observou que o uso de supositórios vaginais com 200mg de progesterona, duas vezes por dia durante 7 meses, reduziu eficazmente os sintomas ligados à TPM. Como mencionamos antes, 80 a 90% das mulheres com tensão pré-menstrual observam significativas oscilações do humor, da irritabilidade e da ansiedade. Esses sintomas podem ocorrer durante alguns dias do mês, ou até durante semanas. Já na década de 1930, pensava-se que as oscilações do humor eram devidas a um desequilíbrio hormonal — mais especificamente, a um excesso de estrogênio ante uma relativa deficiência de progesterona. Katharina Dalton, ginecologista inglesa, começou a tratar mulheres com progesterona há trinta anos. Embora essa ainda seja uma questão controvertida, o uso terapêutico da progesterona realmente oferece alívio a muitas mulheres. Muitas das minhas pacientes que usaram progesterona sentiram que ela foi imensamente benéfica.

Hoje em dia, a progesterona está disponível sob a forma de pastilhas para uso oral e de supositórios vaginais ou retais. Se você tem interesse em usar progesterona e seu médico não estiver familiarizado com esse medicamento, informações podem ser obtidas por meio da Women's International Pharmacy, em Madison, Wisconsin.

Medicamentos ansiolíticos e antidepressivos

Tanto os tranqüilizantes quanto os antidepressivos são prescritos por muitos médicos para o tratamento dos sintomas emocionais da TPM. Tranqüilizantes à base de benzodiazepina são usados para acalmar o humor, bem como para reduzir a ansiedade e a tensão nervosa nas mulheres suscetíveis. Tais medicamentos incluem *Librium* (clordiazepoxide), *Tranxene* (clorazapate) e *Valium* (diazepam). Todos esses medicamentos reduzem a ansiedade ao diminuir a atividade do sistema nervoso central. Todos eles também têm propriedades sedativas, dependendo do nível de dosagem usado, e certos tranqüilizantes, como o *Valium*, também reduzem a tensão e o espasmo musculares.

Os antidepressivos tricíclicos também são de uso comum para tratar os sintomas do humor na TPM, especialmente a ansiedade que coexiste com a depressão ou a depressão sozinha. Esses medicamentos — como *Elavil* (amitriptileno) ou *Sinequan* (doxepina) — podem aliviar a depressão por meio de uma elevação dos níveis de neurotransmissores como a serotonina e a norepinefrina. Estas últimas são substâncias químicas do cérebro, que regulam o humor, a personalidade, o sono e o apetite. Vários outros tipos de antidepressivos também são hoje usados para tratar a depressão ligada à TPM, como *Prozac* e *Desyrel*.

Contudo, há problemas com o uso de quaisquer medicamentos ou hormônios, dentre os quais temos:

Possíveis efeitos colaterais. Irregularidades no sangramento são bastante comuns com a progesterona. Inflamação crônica ou ulceração do aparelho digestivo podem ser causadas pelas antiprostaglandinas. Os tranqüilizantes à base de benzodiazepina costumam causar tontura, letargia, fadiga e outros efeitos colaterais. "Sintomas de abstinência", devidos a um vício real nesses medicamentos, podem ocorrer com o uso de longo prazo.

Os sintomas só são controlados enquanto você está tomando os medicamentos. Já que a TPM é um problema de longo prazo que vai piorando com a idade, para muitas mulheres isso significa tomar durante dez a 25 anos um medicamento ou um hormônio. Muitas mulheres não querem ou não podem tomar esses medicamentos pelo resto da vida, até chegar à menopausa. O uso de medicamentos também tornam necessários a prescrição e o acompanhamento cuidadoso por parte de um médico.

Em suma, o uso de medicamentos pode ser extremamente útil para mulheres com TPM. Isso se aplica em particular às mulheres que apresentam sintomas de moderados a graves de TPM. Se você optar pelo uso de medicamentos, recomendo que os combine com métodos de auto-ajuda para obter um alívio mais perfeito e completo.

CAPÍTULO 18
Faça seu programa funcionar

A Tabela para Tratamento Completo da TPM, nas páginas 62 a 64, ajudará você a estabelecer seu próprio programa de modo simples e fácil. Nessa tabela, enfatizo todos os pontos principais que eu gostaria que você tivesse em mente. Não se atrapalhe com os detalhes. Lembre-se sempre do seu objetivo final: *o alívio da TPM*.

Desfrute o programa. Divirta-se com os exercícios. Trate as mudanças nos seus hábitos dietéticos como uma oportunidade de experimentar alimentos novos e deliciosos.

A cura ocorre numa progressão passo a passo. Ela nunca é uma linha reta. Não se sinta culpada se perder um dia de exercícios. Não se deixe desencorajar porque abandonou sua dieta num feriado ou nas férias, ou simplesmente porque suas velhas compulsões alimentares ficaram fortes demais e você não resistiu. Todo mundo tropeça de tempos em tempos. Mas a pessoa bem-sucedida se levanta e vai em frente. Tudo o que você tem a fazer é relembrar periodicamente as suas metas e revisar as diretrizes gerais que lhe esbocei.

Seja você mesma o seu melhor sistema de retroalimentação. Torne-se sensível às mensagens do seu corpo. Seu corpo lhe dirá quando a tensão emocional e/ou certos alimentos acionam a TPM.

Lembre-se de que mesmo uma mudança moderada nos seus hábitos poderá aliviar a TPM.

Nutrição

Faça gradualmente todas as mudanças nutricionais. Reveja periodicamente as listas de alimentos que deverá limitar e de alimentos que deverá enfatizar. Cada vez que rever a lista, selecione alguns outros alimentos que você está disposta a eliminar ou a experimentar. Reveja essas listas sempre que desejar, mas tente fazê-lo com regularidade. Cada pequena mudança que você fizer na sua dieta será útil.

Reveja as diretrizes para cada refeição. Talvez você queira reestruturar uma determinada refeição. As amostras de menus que ofereci no texto podem lhe servir de modelo.

Use suplementos vitamínicos e de ervas durante o período pré-menstrual, para ajudar a completar suas necessidades nutricionais. Ambos são muito úteis para o controle da sua TPM.

Redução do stress

Os exercícios para redução do *stress* ajudarão você a mudar seu sistema de crenças sobre seu corpo, além de melhorar o funcionamento do seu sistema nervoso autônomo.

Quando você começar seu programa, reserve meia hora por dia, durante vários dias consecutivos, e experimente todos os exercícios para redução do *stress* descritos neste livro. Descubra a combinação que funciona no seu caso e então a pratique com regularidade.

Os exercícios devem ser feitos diariamente, por pelo menos alguns minutos a cada vez. Você mesma descobrirá se a melhor hora de praticar é de manhã, ao acordar, ou à noite, antes de dormir. Outros momentos úteis são durante o dia, quando você se sente especialmente exausta ou estressada. Simplesmente reserve dez minutos, feche a porta da sala e relaxe. Respire profundamente, medite ou use as visualizações ou afirmações referentes à TPM. Você descobrirá que depois desses dez minutos se sente muito melhor. Também é possível você descobrir que se sente bem fazendo os exercícios para redução do *stress* antes dos seus exercícios físicos regulares.

Exercícios

O exercício moderado — caminhadas, *jogging*, natação, tênis ou ciclismo — deve ser feito com regularidade. O ideal é todos os dias ou em dias alternados.

Exercícios específicos para correção da TPM: Massagem por acupressura, yoga, pontos neurolinfáticos, pontos de pressão neurovascular

Na primeira ou nas duas primeiras semanas, reserve meia hora por dia, durante vários dias consecutivos, e faça os exercícios de aquecimento, tonificação e energização de todo o seu corpo. Descubra quais são os seus favoritos. Esses devem sempre preceder todo exercício específico para corrigir seus sintomas. Descubra qual a combinação de aquecimentos e exercícios mais adequada ao seu caso.

Procure os exercícios específicos para corrigir seus sintomas na Tabela de Tratamento Completo da TPM, nas páginas 62 a 64. Experimente todos os exercícios recomendados para os seus sintomas. Descubra quais deles são os mais adequados para você.

Pratique-os com regularidade. Começar a fazê-los alguns dias antes que a TPM apareça ajudará a prevenir os sintomas.

Manual da TPM

Use o Manual da TPM (Capítulo 3) com regularidade. Ele tornará seu programa muito mais fácil e eficaz.

As páginas do manual lhe oferecem um formato estruturado com o qual você poderá avaliar seus padrões de comportamento, seus sintomas e seu sucesso. A seção de avaliação dos hábitos lhe mostrará quais áreas de sua vida contribuem para os seus sintomas. Liste os sintomas durante o período pré-menstrual e enumere os tratamentos que você está fazendo durante esse período para ajudar a corrigir os sintomas. É importante que você dê a si mesma esse retorno, num formato organizado e fácil de usar.

Conclusão

Transmiti a você tudo o que sei a respeito de uma abordagem de auto-ajuda ao problema da TPM. Espero que estas informações lhe possam ser muito úteis. Gostei muito de escrever este livro e espero que você alcance os mesmos resultados maravilhosos que eu e minhas pacientes alcançamos. Pratique bons hábitos nutricionais, relaxamento e técnicas para redução do *stress*, exercícios moderados e todas as técnicas corretivas que atenuam seus sintomas específicos. Acima de tudo, desfrute a vida, a cada dia, todos os dias.

Fontes para orientação e maiores informações

Livros de culinária

Os livros de culinária listados abaixo, já clássicos e em geral excelentes, contêm receitas que podem ser adaptadas pelas mulheres que sofrem de TPM. Se você quiser preparar uma receita que contenha alguns ingredientes proibidos, consulte a lista de substitutos que sugeri e faça a substituição desejada. Mas você talvez prefira usar os ingredientes da receita e dizer que o prato é "um banquete especial".

Moosewood Cookbook (revisto), Mollie Katzen. Ten Speed Press.
The Enchanted Broccoli Forest (revisto), Mollie Katzen. Ten Speed Press.
Women's Health Companion, Susan Lark, M.D. Celestial Arts.
Cooking for Healthy Healing, Linda Rector-Page. Griffin Printing.
The Healthy Food Cookbook, Prevention Magazine. Rodale Press.
The New Laurel's Kitchen, Laurel Robertson. Ten Speed Press.

Controle do stress

Estes livros apresentam muitos programas excelentes de relaxamento, imaginação dirigida, trabalho com a respiração e outras formas de controle do *stress*:

Benson, R. e M. Klipper, *Relaxation Response*. Nova York: Avon, 1976.
Bourne, E.J., *The Anxiety and Phobia Workbook*. Oakland, CA: New Harbinger Publications, 1990.
Brennan, B.A., *Hands of Light*. Nova York: Bantam, 1987. [*Mãos de Luz*, publicado pela Editora Pensamento, São Paulo, 1990.]
Davis, M.M., M. Eshelman e E. Eshelman, *The Relaxation and Stress-reduction Workbook*. Oakland, CA: New Harbinger Publications, 1982.
Gawain, S., *Creative Visualization*. San Rafael, CA: New World Publishing, 1978. [*Visualização Criativa*, publicado pela Editora Pensamento, São Paulo, 1990.]
Gawain, S., *Living in the Light*. Mill Valley, CA: Whatever Publishing, 1986. [*Vivendo na Luz*,

publicado pela Editora Pensamento, São Paulo, 1991.]

Kripalu Center for Holistic Health, *The Self-Health Guide*. Lenox, MA: Kripalu Publications, 1980.

Loehr, J. e J. Migdow, *Take a Deep Breath*. Nova York: Villard Books, 1986.

Miller, E., *Self-Imagery*. Berkeley, CA: Celestial Arts, 1986.

Acupressura e yoga

Para as mulheres que desejam uma abordagem mais profunda da acupressura e da yoga, estes livros proporcionam excelentes informações:

Bauer, C., *Acupressure for Women*. Freedom, CA: The Crossing Press, 1987.

Bell, L. e E. Seyfer, *Gentle Yoga*. Berkeley, CA: Celestial Arts, 1987.

Chang, S., *The Complete Book of Acupuncture*. Berkeley, CA: Celestial Arts, 1976.

Couch, J. e N. Weaver, *Runner's World Yoga Book*. Nova York: Runner's World Books, 1979.

Folan, L., *Lilias, Yoga, and Your Life*. Nova York: Macmillan Publishing Co., 1981.

Gach, M.R. e C. Marco, *Acu-Yoga*. Tóquio: Japan Publications, 1981.

Houston, F.M., *The Healing Benefits of Acupressure*. New Canaan, CT: Keats Publishing, 1974. [*Benefícios Terapêuticos da Acupressura*, publicado pela Editora Pensamento, São Paulo, 1996.]

Iyengar, B.K.S., *Light on Yoga*. Nova York: Schocken Books, 1966. [*A Luz da Ioga*, publicado pela Editora Cultrix, São Paulo, 1986.]

Kenyon, J., *Acupressure Techniques*. Rochester, VT: Healing Arts Press, 1980.

Mittleman, R., *Yoga 28-Day Exercise Plan*. Nova York: Workman Publishing Co., 1969.

Moore, M. e M. Douglas, *Yoga*. Arcane, ME: Arcane Publications, 1967.

Nickel, D.J., *Acupressure for Athletes*. Nova York: Henry Holt, 1984.

Pendleton, B. e B. Mehling, *Relax With Self-Therap/Ease*. Englewood Cliffs, NJ: Prentice-Hall, 1984.

Stearn, J., *Yoga, Youth and Reincarnation*. Nova York: Bantam, 1965.

Teeguarden, I., *Acupressure Way of Health*. Jin Shin Do. Tóquio: Japan Publications, 1978.

The Academy of Traditional Chinese Medicine, *An Outline of Chinese Acupuncture*. Nova York: Pergamon Press, 1975.

Artigos

Os artigos a seguir são interessantes para os profissionais da saúde e para as pacientes que queiram se familiarizar com as pesquisas médicas sobre a TPM:

Abraham, G. E., "Magnesium Deficiency in Premenstrual Tension". *Magnesium Bulletin* (1982):1:68-73.

Abraham, G.E. et al., "Effect of Vitamin B_6 on Plasma and Red Blood Cell Magnesium Levels in Premenopausal Women". *Annals of Clinical Laboratory Science* (1981):11 (4):333-36.

_____ "Nutritional Factors in the Etiology of the Premenstrual Tension Syndromes". *Journal of Reproductive Medicine* (1983):28(&):446-64.

_____ "Premenstrual Tension". *Problems in Obstetrics & Gynecology* (1980):3(12):1-39.

Abraham, G.E. e J.T. Hargrove, "Effect of Vitamin B_6 on Premenstrual Symptomatology in Women with Premenstrual Tension Syndrome: A Double-Blind Cross-Over Study". *Infertility* (1980):3:155-65.

Barr, W., "Pyridoxine Supplements in the Premenstrual Syndrome". *Practitioner* (1984):238: 425-27.

Baumblatt, J.J. e F. Winston. Carta. "Pyridoxine and the Pill". *Lancet* (1970):1:832.

Boulenger, J.P. et al., "Increased Sensitivity to Caffeine in Patients with Panic Disorders: Preliminary Evidence". *Archives of General Psychiatry* (1984):41:1067-71.

Bruce, M. e M. Lader, "Caffeine Abstention in the Management of Anxiety Disorders". *Psychological Medicine* (1989):19:211-14.

Brush, M.G. e D.F. Horrobin, "Parenteral Linoleic and Gammalinolenic Acids Ameliorate the Gross Effects of Zinc Deficiency". *Proceedings of the Society of Experimental Biology and Medicine* (1980):164:583.

Curry, D.L. et al., "Magnesium Modulation of Glucose-Induced Secretion by the Perfused Rat Pancreas". *Endocrinology* (1977):101:203.

Day, J.B., "Clinical Trials in Premenstrual Syndrome". *Current Medical Research Opinions* (1979):6(Suppl.5):40-45.

Elin, R., "Magnesium: The 5th But Forgotten Electrolyte". *American Journal of Clinical Pathology* (1994):102:616.

Facchinetti, F., "Oral Magnesium Supplements for Relieving Premenstrual Mood Changes". *Obstetric and Gynecology* (1991):78(2):177.

Fullerton, D.T. et al., "Sugar, Opioids, and Binge Eating". *Brain Research Bulletin* (1985):14(6):673-80.

Goei, G.S. et al., "Dietary Patterns of Patients with Premenstrual Tension". *Journal of Applied Nutrition* (1982):34(1):4-11.

Goldin, B.R. et al., "Effect of Diet on Excretion of Estrogens in Pre- and Post-Menopausal Women". *Cancer Research* (1981):41:3771-73.

_____ "Estrogen Excretion Patterns and Plasma Levels in Vegetarian and Omnivorous Women". *New England Journal of Medicine* (1982):307:1542-47.

Gugliano, D. e R. Torrella, "Prostaglandin El Inhibits Glucose-Induced Insulin Secretion in Man". *Prostaglandins and Medicine* (1979):48:302.

Horrobin, D.F., "A Biochemical Basis for Alcoholism and Alcohol-Induced Damage including the Fetal Alcohol Syndrome and Cirrhosis: Interferences with Essential Fatty Acid and Prostaglandin Metabolism". *Medical Hypothese* (1980):6(9):929.

_____ "Essential Fatty Acids and the Complications of Diabetes Mellitus". *Wein Klin Wuchenschur* (1989):101(8):289.

_____ "The Regulation of Prostaglandin Biosynthesis by the Manipulation of Essential Fatty Acid Metabolism". *Revue of Pure and Applied Pharmacology Science* (1980):4(4):339.

_____ "The Role of Essential Fatty Acids and Prostaglandins in the Premenstrual Syndrome". *Journal of Reproductive Medicine* (1983):28(7):465.

Horton, R. e E.G. Biglier, "Effect of Aldosterone on the Metabolism of Magnesium". *Journal of Clinical Endocrinology* (1962):22:1187.

Hughes, R.E., "Hypothesis: A New Look at Dietary Fiber". *Human Nutrition: Clinical Nutrition* (1986):40C:81-86.

Jones, D.V., "Influence of Dietary Fat on Self-Reported Menstrual Symptoms". *Physiology and Behavior* (1987):40(4):483-87.

Kerr, G.D., "The Management of the Premenstrual Syndrome". *Current Medical Research Opinions* (1977):4(Suppl.4):29-34.

Larsson, B. et al., "Evening Primrose Oil in the Treatment of Premenstrual Syndrome: A Pilot Study". *Current Therapeutic Research* (1989):46:58.

Lee, M.A. et al., "Anxiety and Caffeine Consumption in People with Anxiety Disorders". *Psychiatry Research* (1985):15:211-17.

_____ "Anxiogenic Effects of Caffeine on Panic Depressed Patients". *American Journal of Psychiatry* (1988):145(5):632-35.

Levy, M. e E. Zylber-Katz, "Caffeine Metabolism and Coffee-Attributed Sleep Disturbances". *Clinical Pharmacology and Therapeutics* (1983):33(6):770-75.

London, R., "The Effect of a Nutritional Supplement on Premenstrual Symptomatology in Women with Premenstrual Syndrome". *Journal of the American College of Nutrition* (1991):10(5):494.

London, R.S. et al., "The Effect of Alpha-Tocopherol O in Premenstrual Symptomatology: A Double-Blind Trial". *Journal of the American College of Nutrition* (1983):2:115-22.

Parker, P., "Premenstrual Syndrome". *American Family Physician* (1984):Novembro 1:1309.

Posacci, C., "Plasma Copper, Zinc and Magnesium Levels in Patients with Premenstrual Tension Syndrome". *Acta Obste Gynecol Scand* (1994):73:452.

Puolakka, J. et al., "Biochemical and Clinical Effects of Treating the Premenstrual Syndrome with Prostaglandin Synthesis Precursors". *Journal of Reproductive Medicine* (1985):39(3):149-53.

Redmond, D.E. et al., "Menstrual Cycle and Ovarian Hormone Effects on Plasma and Platelet Monoamine Oxidase (MAO) and Plasma Dopamine-Hydroxylase Activities in the Rhesus Monkey". *Psychosomatic Medicine* (1975):37:417.

Richie, C.D. e R. Singkarmani, "Plasma Pyridoxal-5'-phosphate in Women with Premenstrual Syndrome". *Human Nutrition: Clinical Nutrition* (1986)-40C:75-80.

Rossignol, A.M., "Caffeine-Containing Beverages and Premenstrual Syndrome in Young Women". *American Journal of Public Health* (1985):75(11):1335-37.

Rossignol, A. M. e H. Bonnlander, "Caffeine-Containing Beverages, Total Fluid Consumptions, and Premenstrual Syndrome". *American Journal of Public Health* (1990):80(9):1106-10.

Rossignol, A. M. et al., "Tea and Premenstrual Syndrome in the People's Republic of China". *American Journal of Public Health* (1989):79(1):67-69.

Sanders, L.R. et al., "Refined Carbohydrate as a Contributing Factor in Reactive Hypoglycemia". *Southern Medical Journal* (1982):75:1072.

Seelig, M., "Human Requirements of Magnesium: Factors That Increase Needs in Humans". J. Duriach (org.), *International Symposium on Magnesium Deficiency in Human Pathology* (1971):11.

Shirlow, M.J. e C.D. Mathers, "A Study of Caffeine Consumption and Symptoms: Indigestion, Palpitations, Tremors, Headache, and Insomnia". *International Journal of Epidemiology* (1985):14(2):239-48.

Simpson, L.E., "The Etiopathogenesis of Premenstrual Syndrome as a Consequence of Altered Blood Rheology: A New Hypothesis (evening primrose oil, fish oils)". *Medical Hypotheses* (1988):25(4):189.

A MULHER EMERGENTE

Como despertar o poder ilimitado da natureza feminina

Mary Elizabeth Marlow

Um manual para todas as mulheres que querem descobrir o poder de ser mulher...

Desde a parte mais negativa do ego feminino – a "bruxa" – até os relacionamentos com nós mesmas, com nossos pais, parceiros e amigos, este livro de Mary Elizabeth Marlow nos leva numa trajetória comovente rumo à "deusa"que existe além das limitações que toda mulher impõe a si mesma.

A Mulher Emergente é um livro inspirado e profundamente pessoal, que trata das fraquezas e dos pontos fortes da mulher, seus desafios e vitórias, a viagem que empreende até as profundezas de seu próprio conhecimento e a desperta para tudo o que ela pode ser.

Exercícios práticos e histórias da vida real também ajudarão a mostrar às mulheres como reivindicar sua verdadeira natureza espiritual — e como ter plena consciência do seu poder pessoal. O trabalho de Mary Elizabeth Marlow, pioneiro e totalmente inovador, oferece uma verdadeira compreensão da alegria de ser mulher.

EDITORA CULTRIX

ANSIEDADE E STRESS
LIVRO DE AUTO-AJUDA

Dra. Susan Lark

Tensão nervosa, ansiedade, pânico – sintomas que têm como causa o *stress* – afetam milhões de mulheres. O antigo remédio convencional era uma "pílula tranqüilizante"; contudo, felizmente, esses dias passaram e as causas orgânicas – e as soluções – para os distúrbios da ansiedade e do *stress* finalmente estão sendo levadas a sério.

O programa abrangente da Dra. Susan M. Lark inclui:

- o novo pensamento sobre as causas, sintomas e, às vezes, o complicado diagnóstico da ansiedade e das condições relacionadas com o *stress*;
- um diário semanal para avaliar seu estado de saúde, habituando-o a um plano pessoal de tratamento para avaliar o seu progresso;
- programas de auto-ajuda altamente eficazes, fáceis de seguir, que incluem informações detalhadas sobre vitaminas, ervas e sais minerais, junto com dietas, receitas e planos de refeições, além de acupressura, yoga, exercícios de respiração e técnicas valiosas de redução do *stress*;
- novas informações sobre as tendências da medicina, os tratamentos e a terapia com medicamentos.

O propósito da autora ao escrever este livro foi o de compartilhar com as mulheres as técnicas de auto-ajuda que, ao longo de muitos anos de prática da medicina, ela concluiu serem as mais úteis.

EDITORA CULTRIX

A DOENÇA COMO CAMINHO

Thorwald Dethlefsen e *Rüdiger Dahlke*

Dizemos que a saúde é o nosso bem mais precioso. Então, qual o sentido da doença na nossa vida?

Para os autores – o psicólogo Thorwald Dethlefsen e o médico Rüdiger Dahlke – não existem "doenças", mas uma única doença ligada inseparavelmente à "imperfeição" humana, e que se revela através de diferentes sintomas.

Neste livro eles mostram um caminho para detectar o significado mais profundo das doenças com base na idéia de que todo sintoma é um alerta da alma para uma carência essencial. A compreensão dos diversos sintomas clínicos — elencados nos índices que constituem a última parte do livro — abre para cada um de nós um caminho novo que nos leva de uma forma mais rápida à conquista do autoconhecimento.

A Doença como Caminho destina-se às pessoas que estão preparadas para abandonar as noções tradicionais sobre doenças e buscam analisar mais profundamente a verdadeira natureza das mesmas.

* * *

De Thorwald Dethlefsen, a Editora Cultrix/Pensamento publicou *O Desafio do Destino* e *Édipo – O Solucionador de Enigmas*. De Rüdiger Dahlke, publicou *Mandalas – Formas que Representam a Harmonia do Cosmos e a Energia Divina*.

EDITORA CULTRIX

VENCENDO A DOR NAS COSTAS

Harris H. McIlwain e outros

Se a dor nas costas impediu que você executasse bem o seu trabalho, que aproveitasse tranqüilamente o seu tempo de lazer ou limitou suas possibilidades de viajar, este livro é para você.

Escrito por cinco dos maiores especialistas em dores nas costas, este guia conciso lhe dará informação completa e inteligível para que possa entender o seu problema e optar pelo melhor tratamento. O ponto central deste manual é o *plano de duas semanas para alívio imediato e duradouro da dor nas costas* do dr. McIlwain, cuja eficácia já foi comprovada.

Você encontrará aqui:

- um plano que garante alívio rápido, baseado em exercícios suaves, diários, que podem ser executados por doentes de qualquer faixa etária;
- os mais eficazes métodos de tratamento;
- um capítulo especial sobre o que se deve e o que não se deve fazer em caso de viagem quando se sofre de dores nas costas.

* * *

Os autores – Harris H. McIlwain, Joel C. Silverfield, Michael C. Burnette e Bernard F. Germain – são médicos e praticam em Tampas, na Flórida. Eles se especializaram no tratamento da osteoporose, das dores nas costas e da artrite. Debra F. Bruce é escritora especializada na área da saúde, com numerosos artigos publicados em revistas e livros. Eles também são autores de *Vencendo a Osteoporose*, já publicado pela Editora Cultrix.

EDITORA CULTRIX

Magias e Rituais de Amor

Susan Bowes

Lance um encantamento em quem você ama!

O romance é algo maravilhoso e
misterioso; portanto, direcione
os poderes das cartas-talismãs, dos cristais, da lua
e das velas para curar um coração partido, melhorar
uma relação já existente ou encontrar um relacionamento
novo e satisfatório. Neste livro especial de magias
estão os encantamentos, os rituais e os caminhos
para você viver um amor verdadeiro.

Abra-se para a intimidade: atraia o amor
com poções feitas de ervas, libere emoções que impedem a
realização dos seus sonhos e seja grato ao seu corpo e
à sua sexualidade. Com as interpretações detalhadas
das treze cartas, você absorverá cada gota
de conhecimento que elas têm para dar.

Cada página desta obra cativante proporcionará a você a
magia e as informações certas para dotar da necessária
energia qualquer ritual que você queira realizar.

Acompanhado de 13 cartas-talismãs
para orientação e encantamentos

EDITORA PENSAMENTO